# 名人传记

## 司马迁 传

西汉伟大的史学先驱，《史记》之父

周爱农 ◎编著

成都地图出版社

图书在版编目（CIP）数据

司马迁传 / 周爱农编著． -- 成都：成都地图出版社，2018.4（2023.3重印）
　ISBN 978-7-5557-0878-0

Ⅰ．①司… Ⅱ．①周… Ⅲ．①司马迁（约前145或前135-?）-传记-青少年读物 Ⅳ．①K825.81-49

中国版本图书馆CIP数据核字(2018)第051904号

## 司马迁传
SIMA QIAN ZHUAN

**责任编辑：魏小奎**
**封面设计：吕宜昌**

| 出版发行 | 成都地图出版社 |
|---|---|
| 地　　址 | 成都市龙泉驿区建设路2号 |
| 邮政编码 | 610100 |

印　　刷　三河市同力彩印有限公司
（如发现印装质量问题，影响阅读，请与印刷厂商联系调换）

| 开　　本 | 710mm×1000mm　1/16 |
|---|---|
| 印　　张 | 8 |
| 字　　数 | 120千字 |
| 版　　次 | 2018年4月第1版 |
| 印　　次 | 2023年3月第5次印刷 |
| 书　　号 | ISBN 978-7-5557-0878-0 |
| 定　　价 | 35.00元 |

版权所有，翻印必究

# 导读 >>>>>>>
Introduction

Sima Qian
司马迁

司马迁（约前145或前135—?），字子长，一说左冯翊夏阳（今陕西韩城南）人，一说龙门（今山西河津）人，我国西汉伟大的史学家、文学家和思想家。他编写的《史记》记载了从上古传说中的黄帝时期到汉武帝太初四年（公元前101年），长达三千多年的历史。司马迁以其"究天人之际，通古今之变，成一家之言"的著史理念完成的《史记》，是中国历史上第一部纪传体通史，被鲁迅誉为"史家之绝唱，无韵之离骚"，对后世的影响极为深远。

其父司马谈为太史令（相当于现在国家图书馆馆长）。早年司马迁在故乡过着贫苦的生活，十岁开始读古书，学习十分认真刻苦，遇到疑难问题，总是反复思考，直到弄明白为止。二十岁那年，司马迁从长安出发，到各地游历。后来回到长安，做了郎中（帝王侍从官的通称）。他几次同汉武帝出外巡游，到过很多地方。三十五岁那年，汉武帝派他出使云南、四川、贵州等地，他了解到那里一些少数民族的风土人情。在他父亲司马谈死后，司马迁接替做了太史令。太初元年（公元前104年），他与天文学家唐都等人共订"太初历"。天汉二年（公元前99年），李陵出击匈奴，兵败投降，汉武帝大怒，司马迁为李陵辩护，触怒了汉武帝，获罪被捕，被判死刑。"人固有一死，或重于泰山，或轻于鸿毛，用之所趋异也。"（司马迁《报任安书》）为了完成父亲遗愿，他含诟忍辱选择了"腐刑"赎身，完成《史记》，留与后人。太始元年（公元前96年）获赦出狱，做了中书令，掌管皇帝的文书机要。之后他发愤著书，全力写作《史记》，大约在他五十五岁那年终于完成了全书的撰写和修改工作。

《史记》全书一百三十篇，约五十三万字，包括十二本纪、十表、八书、三十世家和七十列传，对后世的影响极大，被称为"实录""信史"，被列为"前四史"之首，与《资治通鉴》并称为"史学双璧"。因此，司马迁被后世尊称为"史迁""史圣"，与司马光并称"史界两司马"，与司马相如合称"文章西汉两司马"。

# 目 录 >>>>
# Contents

### 第一章
## 好奇少年

早慧儿童 ………… 2
人小志大 ………… 4
亲历龙门 ………… 7

### 第二章
## 初立志向

迁居茂陵 ………… 13
名师授业 ………… 15
父亲的期望 ……… 21

### 第三章
## 万里游历

萌发游历奇想 …… 27
汨罗祭拜屈原 …… 29
寻访舜帝遗迹 …… 34

### 第四章
## 漫漫仕途

初为郎中 ………… 42
西北战火 ………… 46
李广难封 ………… 49
凶残的谋杀 ……… 54
奉命出使西南 …… 58

## 第五章
## 父亲遗命

"封禅"之争 ………… 64
父亲之死 ………… 66
"封禅"大典 ………… 70
修改历法 ………… 72

## 第六章
## 撰写《史记》

真实记录 ………… 78
埋下隐患 ………… 81
大宛夺马 ………… 83
祸起李陵 ………… 86
辩护获罪 ………… 90
蒙冤下狱 ………… 94
忍受腐刑 ………… 98
任安获罪 ………… 101
报任安书 ………… 103

## 第七章
## 尾 声

巨星陨落 ………… 113
永垂史册 ………… 115

名人年谱 ………… 121

## 第一章

## Sima Qian

### 好奇少年

好奇心是学习者的第一美德。

——〔法〕居里夫人

## ▶ 早慧儿童

古老的黄河，源远流长。它是中华民族的摇篮，五千年华夏悠久历史的见证。我国西汉伟大的史学家、文学家和思想家司马迁，就是诞育在黄土高原、黄河之滨的一颗文化巨星。

在陕西省韩城县北，有座龙门山，矗立在黄河两岸，断崖绝壁，相对如门。龙门，又名禹门，相传为大禹治水所凿。相传在远古的尧舜时代，龙门山将黄河从中截断，挡住了黄河水的去路，致使洪水泛滥成灾，生灵涂炭。尧派鲧去治水，鲧采用堵塞的办法，治了九年也没有成效，尧一怒之下，命令舜将鲧杀了，并命令鲧的儿子禹继续去治水。禹考察了龙门山的地势，决定开凿龙门山，以疏导黄河水。龙门山被劈开后，河水畅通无阻，水患日渐平息，人们重新过上了安居乐业的生活。从此，龙门山隔岸相守，犹如两扇大门对峙在黄河两岸。

黄河在此处水流湍急，奔腾咆哮，气势十分壮观。据说每到开春季节，黄河下游成群结队的鲤鱼逆流而上，来到龙门之下。它们不顾倾泻而下的激流，纷纷拼尽全身力气，从瀑布里飞身跃起，期望跃过龙门，那景象在春天阳光的照射下十分壮观。传说一旦有鲤鱼幸运地跃过了龙门，就会化作御风乘云的神龙。所以，不管黄河的激流多么汹涌，总有无数鲤鱼拼尽全身的力量猛然一跳，哪怕跌落在激流中粉身碎骨也不畏惧。这就是"鲤鱼跳龙门"的神话故事。

龙门山南的芝川镇，有一户姓司马的人家。司马家族的祖先曾是周代的史官，也就是在皇帝身边负责记录国事和言行得失的人。史官虽说不是位高权重，但必须是有学问、有声望的人才能担任。到了司马谈这一代，家道就有些中落了，以耕田种地为生，但不同于一般的普通农民，他仍然保持着祖上读书、研究学问的家族传统，有从事史学工作的美好愿望。司马谈勤奋好学，曾经拜当时著名的天文学家唐都为师，学习天文知识。他还到当时的易学专家杨何门下，研习《易》的学问；跟随著名的黄老学派学者黄生，进修道家的哲学思想。他虽然地位低微，但已是一位有名的学者。

鲤鱼跳龙门

司马谈的妻子名叫太史慈，人长得不算漂亮，甚至可以说有点丑，但是她很聪明，而且善解人意，所以深得知识渊博的司马谈的喜爱。公元前145年，太史慈怀孕了，司马一家很是高兴，孩子还没有出生就给孩子取好了名字——迁。有一天，太史慈做梦梦见了天上的星星在眨着眼睛跟她说话，说了什么却听不清楚，她把这件事告诉了司马谈，夫妇俩更是高兴，心想，孩子肯定不是平凡的一般人。

秋天的一个午后，司马谈正在后山读书，一个邻居大喊着朝他跑来："快回家，要生了！"哦，孩子要生了！司马谈一跃而起，顾不上捡起他掉在地上的心爱的书。当他一路飞奔回到家时，白白胖胖的儿子已经出生了！做了父亲的司马谈，心中的喜悦无以言表。

这个孩子很奇怪，他喜欢让父亲抱，特别是父亲看书的时候。几个月大的时候，他就喜欢抓夺父亲的书和笔，拿在手里不肯放下来。夫妇俩看在眼里，喜在心里，想儿子长大了肯定也是个读书人，继承祖上留下来的优良文风。

司马迁生性好奇，有着强烈的求知欲望和探究各种事物的兴趣。家里来了客人，客人与父亲谈论时事和学问时，司马迁只喜欢听他们新鲜有趣的谈话。每逢家里上供，父亲在幽暗的祠堂里点燃蜡烛祭祀祖先，他便静静地看着香烟袅袅地上升，脑子里充满了神秘而缤纷的想象。

司马谈十分重视儿子的启蒙教育。从司马迁懂事起，父亲就给他讲家族的历史，讲历史上的著名人物和他们的有趣故事，这在司马迁幼小的心灵里留下了深深的印象，也启发了他对历史的爱好。父亲走亲戚访朋友时，喜欢把司马迁带上，让他增长见识。芝川的原野上，葬着司马家族的祖辈。春天扫墓祭祀时，小小的司马迁也跟着父亲走在踏青祭扫的人群里。农闲时候，司马谈把自己的思考心得和学习体会构思成文，用刀子一笔一画刻写在竹简上，再用绳子把竹简串起来，就成了一篇文章。司马迁好奇地守在父亲身边，看着父亲辛苦而认真地工作，感到那是多么有趣而神奇的事情。他不发出一点声音，生怕打扰父亲。司马谈从儿子幼稚而聪慧的眼神里，看到了他幼小的心灵充满的好奇和渴望，便开始教他认字。司马迁记忆力很好，注意力集中，一教就记住了，司马谈感到很高兴。从此，空余时间教儿子识字读书，便成了司马谈的生活乐趣。

## ▶ 人小志大

司马迁长到五岁时，发生了一件大事情——大汉天子景帝去世了，当时年仅十六岁的皇太子登基做了皇帝，就是汉武帝刘彻。

农家的孩子懂事早。司马迁和镇上的同龄男孩一样，赶着家里的耕牛，到野外放牧。芝川的田野，可以北眺龙门，东望黄河，联想到一些美好的传说，这引起了少年司马迁的多少幻想啊。他喜欢在赶牛出去时，在牛背上搭一册刻了字的竹简。牛儿们安静自在地吃草时，其他的牧童都在玩游戏，司马迁却在草地上摊开竹简，取一根树枝，照着竹简上的字，在地面上写写画画。放牛的伙伴感到很奇怪，围拢来看他在地上画什么古怪的图画。司马迁对他们说，他是在练习写字，等竹简上的汉字都会念会写了，就可以读整篇的文章了。他便点着地上的字教伙伴们读，如日、月、山、川、牛、羊、虫、鱼等。伙伴们知道他在识字写字，觉得他很了不起，因为那时候，一般的庄稼汉很少有识文断字的。从此，司马迁认真练字的时候，大家就不去打扰他了。

大家玩累了，便坐下来听司马迁讲从他父亲那儿听来的故事，那些故事经过司马迁的加工，伙伴们听得津津有味。司马迁懂得很多，这群孩子都很佩服他，也很羡慕他。当然，司马迁和伙伴们的关系也很好。有时候他练字太入神了，牛吃着草走远了也没有发觉。一些伙伴就悄悄地帮他把牛赶回来，不让他家的牛走失。

一天，快吃晚饭了，父亲把司马迁叫到眼前，指着一本书说："孩子，近几个月你一直在外放牛，没工夫学习，我也事务缠身，抽不出空来教你，现在趁饭还没熟，我教你读书吧！"司马迁看了看那本书，又感激地望着父亲，说："父亲，这本书我读过了，请你检查一下，看我读得对不对。"说完，把书从头至尾背诵了一遍。

听完司马迁的背诵，父亲感到非常奇怪。他不相信世界上真有神童，不相信无师自通，也不相信传说中的神人点化。可是，司马迁是怎么会朗读、会背诵的呢？他反复思量着：莫非司马迁不好好放牛，把放牛的时间都拿来读书了？

第二天，司马迁赶着牛在前面走着，父亲在后边偷偷地跟着。牛翻过村东的小山，过了山下的溪水，来到一片洼地。洼地上水草丰美，绿油油的惹人喜爱。司马迁把牛赶到草地中央，等牛吃稳后，他就从怀中掏出一本书来读，那琅琅的读书声不时地在草地上空萦绕回荡。看着这一切，父亲全明白了。他高兴地点点头，说："孺子可教，孺子可教也！"

过了一年，年轻的汉武帝招纳贤才，有人就推荐了司马谈。武帝了解到司马谈很有学问，又是史官家族的后人，因此下令召见，让司马谈入朝当了太史令，负责编写史书，管理国家典籍。汉朝的太史令，职位不算高，但毕竟是入朝做官，在当地也是一件大事，这件事立即传遍了夏阳县和芝川镇。司马谈也认为多年来自己一直研习学问，现在施展才华的机会终于到来了。整个家族也为他感到高兴和骄傲。

父亲入京为官，司马迁自然感到高兴。同时他也对父亲为官的京城充满了好奇：皇宫的房子是什么样子的呢？皇城的城墙高不高呢？年轻的皇帝凶不凶呢？皇城的街上好不好玩呢？

父亲进京做官了，在家放牛的司马迁却没有放松学习。对父亲布置的那些要熟读、背诵的文章，他总是认真诵读，烂熟于心。每次父亲休假回家，检查他的功课，都会露出满意的微笑。为了让父亲高兴，他更加发奋努力，并且他也从读书中得到了乐趣。

司马迁九岁时，通读了《诗》《书》，许多篇章能背诵自如。他的好奇心更强了，常常找出父亲放在家里的古籍竹简，似懂非懂地看起来。不懂的地方，他就记下来，只等父亲回家时请父亲讲解。他越来越被一种神秘的力量所吸引，而那神秘的力量来自那些陈旧的竹简，里面有一个丰富多彩的世界，藏着无数有趣的故事和深奥的道理。他渴望自由自在地进入到那个神秘的世界里去。

司马迁十岁的时候，就能诵读《左传》《春秋》《国语》等古代史籍了。汉朝的时候，一名学子想步入仕途，不仅要能背诵一些经典条文，能理解、发挥这些经文的意思，而且要能写九千个字，会八体的书写，这样才有被一级一级地推举做官的可能。文字的书写在当时要求非常严格，一个字写错，就有可能丢掉性命。在如此严厉的文字制度下，小司马迁要有多大的恒心和毅力才能学会八体的书写，才能学会写九千个字，才能诵读诸如《国语》之类的古文啊！这不是一朝一夕的功夫。当时的启蒙读物叫《仓颉篇》，是四字为句的韵文，每六十字为一章，计五十五章，三千三百字。普通孩子读的就是这个。但司马迁聪明绝伦，且有家学渊源和师承，普通读物是满足不了他的。他在十岁时就已能认识各种古文字，并能够诵读艰深的古文了。

## ▶ 亲历龙门

日子就这样在读书和放牛中过去，司马迁慢慢长大了，但他却从来没出过远门。好奇的司马迁对一切都充满了幻想，他想亲自到黄河边看一看，看看黄河那伟大的奇观，他也想看看传说中"鲤鱼跳龙门"的情景。

真的有成千上万条鲤鱼争先恐后跳龙门的壮观景象吗？真的有侥幸跳过龙门的鲤鱼化作了神龙吗？司马迁一直想去看个究竟，

实地考察一番。可是母亲总是劝阻，说他还小，等大了再去看。

又是一个冬去春来，大地回暖。想起"鲤鱼跳龙门"的故事，司马迁兴奋得睡不着了。梦中，他梦见自己变成了一条鲤鱼，和成群结队的鲤鱼一起游近了龙门，当他奋力跳起时，忽然响起了伙伴叫他快起床去放牛的声音。

迷迷糊糊把牛赶到野外，他就像还没有从飞跃龙门的梦里醒过来似的。他想起了父亲每次随皇帝出巡，不管到哪里，总是不忘探访书上记载过的古迹，仔细查对有没有和记载不一样的地方。父亲不知做了多少次这种实地察访的记录，还说"尽信书不如无书""百闻不如一见"。书是前人将自己所见到的、所思考的东西记录下来，事物虽是一样，可是不一样的人写出来，很可能就有差别。只有通过自己的考察和思考，才会有自己的东西。

"鲤鱼跳龙门是怎么回事，我一定要去看看！"司马迁在心里说，"我一定要去看个清楚！"

他把自己做的梦讲给了伙伴听，告诉他们自己想去黄河边看"鲤鱼跳龙门"的打算。几个放牛娃听了，也激动起来，争着要和他一同去。

"对，我们一块儿去，大人就会放心了！"司马迁高兴地说，"明天一大早，我们就出发吧！早点去，回来就不怕天黑了。"

这一回，母亲没有阻止司马迁，只是要他和同伴早去早回，还给他准备了路上充饥的干粮。

第二天一大早，几个好朋友就出发了。清晨的风还带着刺骨的寒意，土路上结着微霜。他们可高兴了，第一次出门心中充满了远游的兴奋。

穿过田野、树林，太阳露出了红脸蛋，大地蒸腾着浓浓的晨雾。几个男孩像放飞的小鸟，心里扑腾着飞翔的欢欣，跑着猜测着龙门的样子。就要看到黄河啦，就要看到龙门啦，多高兴啊！

太阳升得更高了，前面出现了一片开阔的滩地。他们走到黄河滩上，抬眼望去，壮阔的黄河跃入视野之中，几个伙伴激动地奔跑起来。他们跑过长满枯草的滩地，跑到一片淤泥的黄河岸边，黄河水滔滔不绝地在他们眼前奔流。

第一次见到黄河，司马迁内心非常激动。眼前的视野多么开阔，想象着黄河从遥远的西部高原奔涌而下，又浩浩荡荡地奔流向东，最后流进浩瀚的大海，天地是多么宽广啊！

顺着黄河的上游看去，远处突起一座山，那一定是龙门山了。

"登龙门山去喽！"司马迁喊了一声，率先沿着河岸跑过去。

伙伴们应和着，跟着他跑起来。他们一行四个人，除了司马迁，其他也都是放牛羊的少年，他们常年在山郊野外游走，身体强壮。跟着他们，司马迁像回到了大海中的鱼儿，自由自在！他们跑着，说着，笑着。他们累了，就放慢脚步走；觉着肚子饿了，就掏出随身带来的干粮，边吃边走。

又走了一个时辰，太阳升上中天。他们隐隐地觉察到了一种异样的响声，再仔细听，那是一种轰隆隆的水声，与身边的黄河水流声不同。

司马迁定睛远望，只见在翻滚腾跃的云雾里，有两个庞然大物蹲于黄河两岸，巍然屹立。那是两座高耸的山峰！

"这一定是龙门了！"

激动中，他们加快了脚步，并很快登上了河岸的山峰。

站在这山顶，一览众山小。眼前的黄河，一路咆哮怒号，流过脚下的龙门时，立刻改变了那种桀骜的性格，服服贴贴地开始了坦荡宽阔的流程。

"怎么没有看到跳龙门的鲤鱼呢？"

"也许现在不是鲤鱼跳龙门的时候！"

"也许根本没有什么鲤鱼跳龙门！"

伙伴们伸着脖子往水雾升腾的龙门峡谷观看，纷纷议论着。

司马迁脑子里也有着同样的疑问，一边观看一边思考着。他找不出答案，抬头回望，看到山坡上有一位老人在放羊。对，问问这位老人家，也许就知道到底是怎么回事了。

他向牧羊人走去，走到面前，作了一个揖道："老先生，我们是从芝川来的，来看'鲤鱼跳龙门'的，但……"

牧羊老汉听到这里，看着他们呵呵地笑起来，说："我在这儿生活几十年了，也没有看到过真正的鲤鱼跳龙门。也许很久很久以前的祖先们看到过吧，谁说得清呢？鲤鱼跳龙门的故事，只是传说呀！这个传说流传开去，让龙门这个地方有了神秘的色彩。也许是因为这里地势险峻，水流湍急，才会有这么美的传说吧！"

几个伙伴听了，感到很失望。司马迁却点点头，似乎有所感悟。

回家的路上，不像来的时候那么轻松，大家已经走累了，加上没有看到鲤鱼跳龙门，来时的兴奋劲儿也没了。

"要是知道根本没有什么鲤鱼跳龙门，我才不来呢！"一个同伴说。

"是啊，走这么远，真不合算。"另外两个同伴说。

"我可不后悔！"司马迁说，"百闻不如一见嘛！我们经过实地探问，弄清了传说中的事情，这不也是收获吗？何况我们看到了黄河，登上了龙门！"

"是啊，还是很值得的嘛！"伙伴们就又打起了精神。

直到走得双腿酸疼，天都黑下来了，他们才回到家。

这次难忘的探访龙门之行，在司马迁的记忆中留下了深刻的印象。

### 名人名言·成功

1. 不干，固然遇不着失败，也绝遇不着成功。

   ——邹韬奋

2. 一朵成功的花都是由许多苦雨、血泥和强烈的暴雨的环境培养成的。

   ——冼星海

3. 我成功，因为我志在成功，我未尝踌躇。

   ——[法] 拿破仑

4. 每一个人都多多少少有点惰性。一个人的意志力量不够推动他自己，他就失败，谁能推动自己，谁就先得到成功。

   ——[法] 罗曼·罗兰

5. 金字塔是用一块块的石头堆砌而成的。

   ——[英] 莎士比亚

6. 勿问成功的秘诀为何，且尽全力做你应该做的事吧。

   ——[美] 华纳

7. 成功的秘诀依赖坚毅的决心。

   ——[英] 狄兹雷利

8. 成功是用努力，而非用希望造成。

   ——[英] 约翰赫斯金

9. 成功毫无技巧可言，我一向只对工作尽力而为而已。

   ——[美] 卡耐基

10. 成功的第一要素是懂得如何搞好人际关系。

    ——[美] 罗斯福

## 第二章

### Sima Qian

### 初立志向

一人立志，万夫莫敌。

——〔明〕冯梦龙

## ▶ 迁居茂陵

公元前139年，当时的皇帝，也就是年轻的汉武帝刘彻，开始建造自己的陵园，地址选在他母亲王太后的原籍槐里县茂乡。汉武帝看中了这个地方的风水，但是嫌这个地方太荒凉，他可是个爱热闹的人，死后也不想寂寞。于是，他改茂乡为茂陵县，并鼓励人民迁往茂陵，凡是自愿迁移到茂陵居住的人家，每户赏赐钱二十万、田二顷。如此丰厚的待遇，吸引了不少人往茂陵迁移。此外，汉武帝又在渭水上面架起一座桥，连通长安和茂陵，方便了两地之间的联系，茂陵逐渐繁盛起来。公元前127年，汉武帝听取了主父偃的主意，将各地的豪强地主和家产超过三百万的富裕之户迁到茂陵，这样不仅有利于茂陵的繁荣兴盛，而且更有利于汉武帝加强对豪强地主的管制。富豪们对这个强制性的命令很反感，但又不敢不听。

那些富豪之家，都是经历了好几代的经营才富起来的，他们在本乡本土各有自己的一套赚钱方法。"徙陵令"一下，要他们举家迁到人生地不熟的茂陵，一来再也不能靠世代居住的地方赚钱；二来要受朝廷的严密监视，等于失去了自由。富豪们实在不愿背井离乡，但是王命不可违，只好无可奈何地依令迁居到茂陵去。

公元前135年，司马迁10岁。他家不富裕，并不在朝廷下令的迁徙之列。司马迁的父亲司马谈的考虑是，茂陵新迁去了许多人家，其中不乏才俊之士，可谓藏龙卧虎，有益于儿子的交友长进。何况，那儿离京城不算远，便于拜访名师，求其指点学业。

迁居茂陵后，自己离家近，也可以经常辅导儿子的学习，关照家里的事务。

听到父亲的决定后，司马迁可高兴了，外面的世界一定比小小的芝川镇新奇得多、广阔得多。

家里人开始整理行李，选好了起程搬迁的良辰吉日，做着搬家的准备工作。

茂陵

经过几天忙碌，行李和家什都装上了牛车，就要起程出发了。邻居都来帮忙、送行。同司马迁一同放牛的伙伴们都来了，他们恋恋不舍地为他送别。

几辆牛车载着家当，缓缓地走出了芝川镇。司马迁坐在摇摇晃晃的牛车上，看着家乡熟悉的屋舍和人群渐渐远离，看着自己流过汗的田地和放过牛的原野被抛在身后，心中陡然升起浓浓的留恋之情。

经过一路颠簸劳顿，司马迁一家迁入了茂陵显武里定居。

茂陵，距京城长安只有几十里路程，等于是在天子脚下。由于已迁来许多富豪，这里成了一个新兴的小城，街市繁华，十分热闹。通往京城的路上，往来的行人车辆不断，京城内外，宫门上下的消息很快就能传到这里来。这个新的生活环境，陌生而新鲜。

京师长安更是一片繁华景象，金碧辉煌的建筑星罗棋布，街道上人来人往熙熙攘攘，各种叫卖声此起彼伏……司马迁对这一切都充满了好奇和向往，孩童固有的贪玩之心也使他对一些游艺场所跃跃欲试，但是在父亲严格的督促和教诲下，他很快排除了一切外来诱惑的干扰，转而开始一心一意地学习。

司马谈安置好家后，继续从事太史令的工作。

司马迁知道，父亲正在为他物色老师。他在家中擦亮小几，打开一捆捆竹简摆好，认真读起来。文字里的世界对他有着特殊的魔力，他很快便沉浸到文章之中去了。

## ▶ 名师授业

定居茂陵显武里之后不久，有一天，司马谈下朝回到家里，高兴地说："迁儿，我想让你拜孔安国先生为师，你看如何？"

"孔先生是谁呀？"

"他是孔子的第十二世孙，现在任朝中的谏议大夫，是当今最有名望的古文经学大师。"

"我听说过这个人，说是他把《古文尚书》的经典翻译出来，从而成了古文典籍的权威。"

"是呀，正是他。高皇帝时，原秦博士伏生传出《尚书》二十八篇，是由隶书写成的。就在前些年，鲁恭王刘余拆毁孔子的旧宅，从墙壁里意外地发现了许多竹简。那竹简上的文字很古怪，不知写的是什么，他也就没有在意。后来，孔安国先生见到这些文字，认为那是以前曾使用过的蝌蚪文字，细读其内容，有许多篇章竟与《尚书》相符。于是他第一个将那些蝌蚪文字用当今文字译出，被人们称为《古文尚书》，而伏生传出的用隶书写成的那一部，被称为《今文尚书》。《古文尚书》比《今文尚书》多出二十八篇。研究《古文尚书》，已经成了一门独立的学问，而孔安国先生是这门学问的宗师。《古文尚书》的原本，如今还珍藏在孔府。如果你能跟随孔先生学习，必将受用无穷。"

"他会收我做他的学生吗?"

"如果你愿意拜他为师,我就去求见孔先生,请孔先生接受你当他的学生。"

经过父亲的努力,司马迁成了孔安国先生的学生,开始在孔府学习。司马迁聪明好学,深得孔安国先生的赞赏。这位经学大师认真地讲解《古文尚书》《论语》以及《尧典》《禹贡》《洪范》《微子》等篇章中的疑点。司马迁对文章的内容深加领会,老师对他启发点拨,他不仅能做到一点就通,还能举一反三。孔安国先生对这个学生很满意。

孔先生教学严谨,要求很严。他让学生熟读能背,加深理解,还规定要练习写古文字体。司马迁以前练习写的是隶书字,也就是今文。古文却有好几种,如金文、大篆、小篆等。

司马迁一边照竹简上的古文进行写字练习,一边连字成句,用心默读、记忆、理解。这种方法真是一举两得,字练几遍之后,文段也记下来了。后来,他在《太史公自序》里写道:"年十岁则诵古文。"讲的就是跟随孔安国先生学习《古文尚书》的这段生活。

那时,司马迁是孔安国最得意的门生。他的五官特征很突出,高耸的额头,斜飞两道粗黑浓密的眉毛,高挺的鼻梁上一双线条分明的单眼皮,使他有一种即使在大人脸上也很少能见到的坚忍不拔的气质。

"子长,今天学的内容你都懂了吗?"孔先生打量了一下司马迁,充满威严但又不失慈爱地问道。

子长是司马迁的字,孔先生这么叫他,而不是直接喊他的名字,可见有一种器重的意味。

孔安国

"都明白了。"

司马迁恭敬地回答。

"很好。"孔先生点点头，赞许地说，"子长，你天资聪颖，不要辜负了你父亲的厚望。只要你好好读书，将来一定会出人头地的。"

"出人头地……"

司马迁脑海中浮现出一幅美丽的图景：北边是绵延不绝的崇山峻岭，南边是一望无际的深绿沃野，那是他十一岁就离开了的故乡——龙门山下的芝川镇。蓝蓝的天空，牛羊在一望无际的田野中悠闲地低头吃着青草……还有那"鲤鱼跳龙门"的神话。

那些鲤鱼们只要坚持勇敢不断地向上冲，跃过黄河那道数十丈高的龙门急湍，就能化身为龙，潇洒地遨游在彩云之间。可是没跃过，就只能是黄河里的一条鲤鱼，早晚要落入渔翁的网中，成为人们的美食。

想到这里，司马迁更加坚定了自己的理想：一定要好好学习，出人头地！

司马谈一心要把儿子司马迁培养成一个知识广博、思想卓越的人。他经常检查司马迁的课业，看到司马迁在孔安国先生的指点下不断进步，心里自然非常欣慰。同时，他还在选择优秀的老师，希望儿子不要拘泥于一门一派的学问，而要广泛学习各种学问，开阔眼界，增长见识，成为一个有大作为的人。

其中儒家大学者董仲舒就成为司马谈为儿子选师的又一对象。董仲舒在中国历史上可是个举足轻重的人物，他的思想影响了几千年的中国文化。他少年时学习非常刻苦，钻研古籍，甚至到了一连几年都不向园子看一眼的地步，人们常说的"三年不窥园"即是由此得来的。他后来名气越来越大，被举荐做了博士。博士是古代的一种官职名称。董仲舒利用大量的闲散时间仍旧钻研儒学，讲授儒家经典。

此时的西汉，已经是国强民安，一派强国景象。公元前140年，汉武帝登基时，他的祖母窦太后好黄老之术，汉武帝却推崇儒家学说。窦太后在世时，汉武帝不敢违背太后的意愿，窦太后去世以后（公元前135年），他便公开推行儒家思想了。此时，司马迁正好离开家乡，随父亲来到长安。汉武帝将影响推行儒家思想的最后障碍消除后，开始毫无顾忌地实行他的计划。可是究竟采用什么样的统治思想呢？依赖这种思想，又怎样去地治理臣民呢？怎样让人民永远听从汉王朝的统治呢？……汉武帝迫切需要解决这些问题。公元前134年，汉武帝采取贤良提出的对策，开始招集人才。董仲舒在这次策试中脱颖而出，受到汉武帝的器重。汉武帝对董仲舒进行了三次策问，内容全部涉及天人关系（后人称之为"天人三策"）。董仲舒得到这个抒发个人见解的机会，便不失时机地宣扬了他的思想。他说，君王的权力是上天赋予的，君王统治人民，这是天上神的意愿，因而君王有主宰一切的权力；要统一人民的思想，就要废除其他思想学说，独尊儒术。君王的权力既然是上天赋予的，必然也要受到上天的限制，因而君王的所作所为，不能违背天的意愿，即天道。这些思想正好迎合了汉武帝一直想加强君主专制的想法，也解决了他原来备受困扰的一系列有关统治思想的问题，因此汉武帝立即接受了董仲舒的思想。董仲舒被提拔担任江都易王的国相，后来由于小人拨弄是非，被降为中大夫。中大夫是郎中令的一个属官，权力不大，只能在宫廷中提提建议。遭到降职后的董仲舒便在长安以讲授《春秋》的方式来宣扬他的学说，减缓心中的忧闷之情。司马谈就是在这个时期打算让他做自己儿子的老师的。

司马谈尽管推崇道家，但对各家学说都有研究，深知董仲舒学问高深，文章出众，确实是一位首选的良师。道家是先秦时期的一个思想派别，以老子、庄子为主要代表。道家的思想崇尚自然，有辩证法的因素和无神论的倾向，同时主张清静无为，反对斗争。西汉初年，汉文帝、汉景帝以道家思想治国，使人民从秦朝苛政中得以休养生息，历史上称之为"文景之治"。道家在先秦各学派中，虽然没有儒家和墨家这么多的门徒，地位也不如儒家崇高。但随着历史的发展，道家思想以其独特的宇宙观、社会观和人生领悟，在哲学思想上呈现出永恒的价值与生命力。

董仲舒听说司马谈要他的儿子拜自己为师，感到有些为难。董仲舒明白，司马谈是当时有名的学者，写的文章气势恢弘、结构严谨、论理清晰、分析透彻，但他始终不赞成自己的"独尊儒术"的主张。["罢黜百家，独尊儒术"是董仲舒于元光元年（公元前134年）提出的。在当时那个百家争鸣的时期，各家思想派别都各有一套理论，人人都认为自己是对的。董仲舒提出的适应政治上大一统的思想统治政策，很受汉武帝赏识。此后，儒术完全成为封建王朝的统治思想，而道家等诸子学说则在政治上遭到贬黜。]如今，司马谈要儿子拜自己为师，恐怕这师生之间会产生思想上的冲突。不过，董仲舒见司马谈态度恳切，又听说他的儿子司马迁聪明好学，终于答应下来，说："那好吧，就让他来吧！"

董仲舒先生作为当时有名的儒家学者，学问精深博大，以讲授《公羊春秋》而见长。司马迁去董府听第一堂课，董仲舒给学生讲的是"天人感应"的道理。他说："根据《春秋》的记载，天象的变化和人间的事情是相互响应的！"

"真的吗？"司马迁感到很新鲜。

未及多想，又听董仲舒说："为什么这么说呢？你们看，人世间每有社会动乱发生，上天就会先用灾害或怪异现象来进行警示。只要这时人间世道不是太离天道，上天还是愿意扶持的，但人们自己也要积极勉励才行。"

司马迁若有所思，想到在老家放牛时听到大人们讲的一些因果报应现象，似乎有些领会。

董仲舒讲解道："什么是道？道就是国家走向大治的途径。仁义礼乐，是推行道的工具。古代的圣王已经辞世，而他的子孙后代能够长久安宁到几百年的时间，这都是礼乐教化的功效。"

听董仲舒讲道，时间渐长，司马迁心中的许多疑问豁然开朗，感到一些看似简单的问题其实并不简单，受到一些新的启发。原来，孔子写的《春秋》，并不是一部简单的历史文献，孔子也并不想单纯记录历史，而是通过《春秋》中记述的历史事件，来揭示终极的道德标准——"道"。

司马迁认识到，董仲舒所讲的"道"，是鉴别一切是非的恰当标准。它比至高无上的皇权还要高，皇权只有遵循"王道"时，才是绝对权威，如果背离"王道"，就将被天下人共弃。这样来看，《春秋》中记载了三十六起政变、五十二个政权的灭亡，就好理解了。《春秋》如同一部法典，提出了天下人应该共同遵循的行为规范：帝王有帝王的行为规范，官员有官员的行为规范，平民有平民的行为规范。符合行为规范，也就是合于"礼"，"礼"得到了贯彻，就没有社会犯罪现象了，社会也就稳定了。

思考和探究《春秋》的真实含义，使司马迁受到极大震动，获得很多感悟。他逐渐感觉到，历史就像一面有魔力的镜子，是善是恶、是好是坏，谁到了它的面前都会显现本来面目。哪怕贵为帝王，也将受到历史判官的审查……

从此，司马迁在两位名师的指导下发愤学习，进步很快。

## ▶ 父亲的期望

司马迁家迁居茂陵一年后,朝廷里发生了一件引人关注的大事:汉武帝的祖母窦太后去世了。朝廷上下,许多人都敏感地预测到,武帝在施政治国的指导思想上也许将做出重大的调整。

果然,过了不久,年纪轻轻而又雄心勃勃的汉武帝做出了一个惊人的决定:罢免了在朝中握有重权的许昌、庄青翟,而任命主张以儒家思想施政治国的田蚡(fén)做了丞相。

接着,汉武帝颁布命令,要求各级地方官吏发掘和推荐贤良方正的人才。

这一年,全国各地选送贤良方正之士达一百人,汉武帝设立考察机构,对他们进行测试。试题是:"古今治国之道是什么?大汉应如何治理江山?"不久之后,儒家大学者董仲舒的"罢黜百家,独尊儒术"之说得到汉武帝采纳。自此,董仲舒成为名震朝野的一代宗师。

汉武帝的这些措施,极大地激励了天下读书人,成为他们求学的动力。茂陵的富裕人家,纷纷出大价钱为子弟延聘名师,以图将来挤进官宦行列。于是,茂陵又吸引了大批饱学儒士和文章高手。他们在这里开业授课,使当地学风大炽。各家子弟都拼命读书,竞争十分激烈。

司马谈非常清醒地看到,儿子要想有所作为,就不得不争取被朝廷任用的机会。而要得到朝廷任用,就必须攻读儒学。司马谈尽管心里对儒学评价不高,但觉得就当前局势来看,让儿子跟随孔安国先生研读《尚书》、拜董仲舒为师学习《春秋》，确实是明智的选择。

司马迁凭着聪明和勤奋，在学业上进步很大，得到了两位名师的称许。又加上经过父亲指点，他读书的范围不断扩大，从儒家经典，到诸子百家、天文历算、地理风物、农桑经济……他的求知兴趣越来越浓，知识视野更加开阔。

"十年寒窗无人问，一朝成名天下知。"这句话用来形容古代读书人的辛苦和得到功名之后的荣耀，是最贴切不过的。在司马迁这个时代，科举制度还没有出现，汉朝选拔大臣，保留了春秋战国以来的传统——读书人有丰富的学识，又有独特的见解，只要皇帝赏识，就可以立刻加官进爵，掌理国家大事。

司马谈督促儿子司马迁不断地努力，心里有着复杂的心思。儿子聪明好学，长进甚快，如果让他专门攻读儒家学说，适应当今朝廷选拔人才的指导思想，那么儿子的仕途会比自己要顺畅显达得多。但是，他从内心里又不愿放弃家族事业的理想。

作为史官的后人，身为当朝的太史令，司马谈希望司马迁能够成为家族事业的后起之秀。他从心底觉得做好历史记载和撰述工作，是比做达官贵人更有意义的大事业，哪怕无权无势，生活恬淡，也是一种当仁不让的选择。

基于上述复杂而矛盾的心情，司马谈不仅重视让司马迁学习儒家经典，也让司马迁攻读诸子百家。在平常的交谈中，司马谈还注意给司马迁灌输历史知识，让司马迁了解自己的工作情况和作为史官的价值所在。

总之，司马谈认为，不能让司马迁只是朝着儒家学者"入仕"

的一条道上走，他还注重引导司马迁开阔视野，丰富知识，接触各门学问。

董仲舒的思想主张得到汉武帝的采纳，并起用了一批有才能的人，在社会上引起很大的轰动。这让少年学子司马迁也感觉到，他所处的时代正在变化，国家也在快速地走向富强之路，一个人只有凭着苦读得来学问和才能，才会有被朝廷重用的机会。他儿时对于"鲤鱼跃龙门"的想象，给了他一种与自身命运相联系的新的联想和抱负，他盼望自己也能纵身一跃，成为跃过龙门的幸运者，从读书人变为能成就一番事业的大丈夫。

司马迁刻苦攻读儒家和各派的典籍，对天文历算、地理、经济方面的知识也很感兴趣。尽管他对自己未来要做什么还没有清楚的认识，但探求知识的过程充满了快乐，使他沉浸其中。

"迁儿，陪我散散步吧！"一个月夜，司马迁正在窗前沉思，父亲司马谈走到了身边。

随父亲走出前庭，还没等他张口，父亲像是已看穿他心事似的问道："你可记得我们为什么搬到茂陵？"

"孩儿不敢忘记。"

"你说说看。"

司马迁脑子一转，决定用最快的方式，一口气说完："我们是史官的后代，为了弥补亡失几百年的记录史实传统，为了朝廷，也为了方便我更好地读书，才搬到这里的。"

"你的责任是什么？"

"读遍天下所有的书，振兴家族事业！"

司马迁像背书一样，流利地说出了这些话。

"很好，迁儿，你和我都不只是为自己而生活，我们要顾念家族的事业。我们的责任是把眼前所有的史实——眼前这些即将成为历史的事情记录下来，以便留给后人可查可考的资料……"

23

"孩儿还是不太了解，为什么要把过去的事情留下来，让后人知道？"

"你现在不懂，慢慢地你就会理解了。对事情的看法，不光读书就可以有很好的见解，还得要有生活的经验才行。唉……"

自有记忆以来，父亲便是这样，脸上很少有笑容，一天到晚总有些忧愁叹息，心中一直快乐不起来。今天父亲的一番谈话，虽然没有解答了司马迁心中的疑惑，但让司马迁幼小的心灵受到了一次新的洗礼，他似乎明白了什么，生活不是这么简单！

## 名人名言·尊师

1. 师者，所以传道受业解惑也。

   ——〔唐〕韩愈

2. 一日之师，终身为父。

   ——〔元〕关汉卿

3. 为学莫重于尊师。

   ——〔清〕谭嗣同

4. 君子隆师而亲友。

   ——〔战国〕荀子

5. 片言之赐，皆事师也。

   ——〔清〕梁启超

6. 师道既尊，学风自善。

   ——〔清〕康有为

7. 善之本在教，教之本在师。

   ——〔宋〕李觏

8. 国将兴，必贵师而重傅。

   ——〔战国〕荀子

9. 善为师者，既美其道，又慎其行。

   ——〔西汉〕董仲舒

10. 师者，人之为模范也。

    ——〔西汉〕扬雄

### 第三章

## Sima Qian

# 万里游历

世间万物有盛衰,人生安得常少年。

——〔明〕于谦

## ▶ 萌发游历奇想

西汉张骞出使西域后,司马迁听张骞讲了西域的种种见闻后,心中产生了很大的震动。张骞所说的一切,对司马迁来说,无疑是新鲜的、奇特的。

让司马迁内心震动的是,他从书本里读到的一些关于西域的记载,不但资料不多,而且与张骞的所见所闻相差很远。他感悟到,书本上记载的不一定就是千真万确的,实地考察对于做学问是多么重要啊。

回到家,司马迁赶紧把张骞所说的内容记录下来。他已养成了做笔记的良好习惯,每每有新奇的见闻,或者在读书时有了会心的感想,都会像父亲治学那样,用笔记录下来。

停下笔,他的思绪飘向远方,久久收不回来。

"眼见为实,考察求真!"他又想起自己小时候探察龙门的事情了。

他还想到,父亲因为整理皇室的图书馆,发现战国末期到汉朝开国的这段时间里,刘邦跟项羽争雄的历史资料很不完整,便想亲自到那些历史遗址去考察、采访;但是,那些地方几乎遍及半个国家,父亲身为史官,必须跟随在皇帝身旁,没有那么多时间一一去考察。

司马迁想,自己已经长大成人,应该能够为父亲的事业出力分忧了。更何况,到外地去进行考察,不仅仅能搜集到有用的史料,更是锻炼自己的好机会,可以开阔眼界,增长阅历,丰富知识。

　　司马迁的内心顿时激动起来，他感到自己的想法太棒了。远游将是新鲜而有趣的，尽管一路上也会有许多艰苦和困难，但他认为自己应该试一试。

　　他决心已定，就把自己的想法讲给了父亲听。

　　司马谈听完，灵机一动，觉得儿子就要成年，也应该锻炼一下了。他沉思良久才点点头，赞赏地说："亲身经历，实地考察，确实是治史为学的正道。这样吧，我替你联系一下，搭乘朝廷给地方政府送公文的驿车前往吧，这样一路上会方便些。"

　　司马迁一听这个提议，心中高兴不已。

　　"太好了，爹爹，我定了日子就出发！"

　　接下来的日子，司马迁静下心来，开始了远行的准备工作。他为自己确定的第一条路线是：自长安出发，出武关过秦岭的东侧，穿越河南省境内的南阳盆地，再经由河南、湖北交界的桐柏山西麓改走水路，自襄阳搭船顺汉水直下江陵，改搭长江的船，再顺长江下到洞庭南岸。

　　出发的日子终于到了，司马迁渴望遨游天下的美梦就要实现了。他要去考察历史古迹，去追寻古代贤者和英雄的灵魂；他要走遍辽阔的江河山川，去寻访发生过重大历史事件的地方，去体验长途旅行的孤独和新奇。

　　司马迁告别父母，乘上了驿车——一种送公文书信到各地方政府的马车，每站大约是三十里（约今十五公里）。马蹄嘚嘚，把长安和亲人留在身后，载着司马迁踏上了迢迢的行程……

## ▶ 汨罗祭拜屈原

司马迁从长安出发后，朝东南方向行驶，经武关（今陕西丹凤东南）一直到了南阳（今河南南阳）。在这里走水路，乘船顺长江漂流而下，到了洞庭湖边。

一路上晓行夜宿，还算顺利。每当遇到年长者，司马迁就有礼貌地主动上前交谈，了解当地风俗，增长见识。在茶馆酒楼休息时，他特别留意人们的聊天，有什么疑问，他就谦虚地提出来，向那些人请教。他对于沿途的名川大山的古遗址、古战场、碑文石刻、庙宇宗祠等尤有兴趣，看到碑文石刻，都仔细地做了笔记。

这一路上，他还收集到了许多历史故事和传说。据说，秦文公的时候，有人打猎捕到了一种怪兽——"猬"，猎人们对这种怪兽议论纷纷，不知道该怎样处置才好，后来决定献给秦文公，说不定秦文公一高兴还会给些赏赐呢。猎人们抬着猬兴高采烈地去向秦文公领赏去了，正走着，迎面过来两个小孩，一男一女，长得十分可爱。这两个小孩告诉猎人们说："这猬不是个好东西，它生活在地下，专门吃死人的脑浆呢。"猎人们一听，顿时对猬产生了憎恶之情，想想看，谁没有亡故的亲友啊，这猬居然吃死人的脑浆，也太可恶了！猎人们愤怒极了，想要马上处死猬。猬突然说话了："这两个小孩可是件宝贝，得到他们可就大富大贵了。得到男孩，可以称帝为王；得到女孩，也可称霸天下……"话音未落，猎人们已纷纷扑向那两个小孩，两个孩子吓坏了，慌忙变成两只野鸡，各自飞去。猎人们使劲跑啊，追啊，可野鸡早没了踪影，他只得垂头丧气地回去了。这两只野鸡到底飞到哪里去了呢？后来有人说看见它们了，雄鸡飞到了南阳，雌鸡落到了陈仓（今陕西宝鸡）。后世的人们便把这个神话传说与历史史实结合起来，说秦始皇、楚霸王以及刘邦等人都是沾了这两个地方的灵气，才能称霸天下、建功立业的呢！

司马迁考察了这一带的地形，只见地势险峻，古木阴森，好一个兵家常争之地！连绵起伏的秦岭山脉、富庶的关中盆地，使司马迁不禁浮想联翩，思绪飞到了那战火纷飞的年代。

从南郡渡江之后，司马迁来到了湖南长沙北面的汨罗江。汨罗江是我国伟大诗人屈原自沉的地方，古代叫汨罗渊。因为屈原就是在这里沉江的，所以也叫"屈潭"。江水波浪翻滚，似乎在诉说着对诗人的思念，诉说着对奸人的深恶痛绝之情。凭吊往事，司马迁对这位伟人产生了无限的敬仰与同情之心。诗人对国家前途的忧虑，对奸佞之徒的痛恨，对自己政治抱负不得施展的叹息，似乎一一在司马迁脑海中闪现。

司马迁年少时，就读过屈原写的《离骚》《天问》《招魂》等作品，就曾经为书中充沛的感情所激动。那时的屈原跟现在的司马迁一样年轻，也一样有着渊博的学识。所不同的是，那时的屈原年纪轻轻就已经是楚国地位很高的大臣了。对内，他可以和楚怀王商议国家大事，发号施令；对外，他可以接待各国使节。屈原曾对楚怀王说："楚国虽大，积弱已久，这是因为长期背离法度，办事没有准绳，人们随心所欲，任人唯亲。要想在这诸国争雄之时得以生存并转劣为优，必须彰

屈原

明法度、举贤授能。"屈原在外交上提出，东联齐国，西抗强秦。由于他学识渊博，又勤勤恳恳、兢兢业业，为楚国的内政外交做出了非凡的贡献，成为楚国的栋梁之材。

可是，他的改革主张却遭到了守旧的贵族势力的强烈反对，而他身处的地位又遭到了同朝为官者的妒忌。于是，那些人联合起来，在楚怀王面前讲他的坏话。

楚怀王听信谗言，罢免了屈原左徒之职，废弃了屈原的变法主张。楚怀王还不听屈原的劝阻，亲自前往秦国议和，最后客死在秦国。

楚怀王死后，他的长子继位，就是楚顷襄王。那些妒忌屈原的大臣又在楚顷襄王的面前说屈原的坏话，于是屈原被放逐了。

屈原伤心地离开了楚宫，披头散发地来到汨罗江边。在荒凉的苇草间，漫无目的地一边行走，一边吟唱着悲歌。他的面容枯槁，一个渔夫认出他来，惊讶地问道："你不是三闾大夫吗？你不在朝中做官，跑来这里做什么？"

屈原悲叹道："全世界的人都是污浊的，只有我保持干净清白；天下的人都喝得烂醉如泥，只有我依然保持清醒，所以我被放逐了呀！"

屈原说完放声狂笑，但那笑却比哭还令人心酸。

渔夫似乎了解他的心境，想安慰开导他："你何必这样固执呢？要会变通、随波逐流才行哪！全世界的人都是污浊的，你也可以把水里的污泥搅动搅动，让它清浊不分；天下的人都醉了，你不妨也稍稍喝一点酒，让自己半醒半醉。这样不就可以和他们相安无事了吗？"

善良固执的屈原，怎么可能同意这种做法？他慷慨说道："我问你，刚洗好头的人，在戴帽子之前，是不是要先掸去帽上的尘埃？洗好澡的人，是不是要换一套没有污垢的衣服呢？可见人都不愿把干净的身体弄脏。我宁可跳到江水之中，葬身鱼腹，也不肯让我清白的人格被世俗污染。"

于是屈原作完一篇曲折感人的《怀沙》之后，就抱着大石头投江自尽了。

屈原投江的那一天，正是农历五月初五。当地的老百姓向江中投下用广竹叶裹上糯米做成的粽子，要让那煮熟的糯米粘住鱼鳖的嘴，不要吃屈原的尸体……以后每年的这一天，当地人为了祭祀屈原，都向江中投放粽子。从此，楚地多了一个充满民俗色彩的节日——端午节。当地人说，这是他们一年中最隆重的节日，这一天，他们不论男女老幼，都要齐聚汨罗江边，悼念屈原。

司马迁久久惆怅，他在想，屈原虽然早已葬身鱼腹，可在人们的心中，他却永远活着！

司马迁让自己坐的船在江上漫无目的地漂流着，心中默诵着屈原所写的《离骚》《天问》《招魂》《哀郢》《怀沙》这些诗篇中的诗句，感慨万千。多么杰出的人才啊！怎么老天这么不公平，竟让他遭遇如此悲惨的境遇呢？司马迁想到屈原的遭遇，心情十分沉重。

滔滔的江水依旧日复一日、年复一年地流着，没有停息；江边的树木青了又黄、黄了又青，依旧在默默地重复着兴衰的规律；江岸的人们来来往往，为着各自的生活奔波，还有人记得这位伟大的诗人吗？司马迁在汨罗江边徘徊良久，陷入了深深的思索当中。

阵阵清风吹来，江面泛起层层的涟漪，岸边的树木轻轻摇晃着身躯。远处不知是哪位在吹箫，哀怨的乐声由清风徐徐送来，把周围的事物都染上了一层凄凉的色彩，年轻的司马迁走着，想着，不知不觉已经泪流满面了。各种复杂的感情荡涤着他的心胸：对屈原的敬慕、同情，对楚怀王、楚顷襄王的指责、不满，对靳尚、子兰等人的愤恨，还有对历史的感叹等。这时，司马迁又想起父亲的叮咛，想起父亲对他的期望来，他立志继承父亲事业的信念更坚定了。"路漫漫其修远兮，吾将上下而求索！"屈原的话也给了他无比坚定的信心和勇气。他深深地舒了口气，心情渐渐明朗起来，紧锁的眉头也渐渐舒展了。

从屈原的不幸遭遇，他又联想到汉朝初年的贾谊。在屈原沉江一百多年后，年轻的洛阳少年贾谊和自己一样，曾来到这江畔，望着江水长叹，并且写下一篇文情并茂的《吊屈原赋》。

贾谊也是少年得志，文章写得非常好，又是博士。然而，就因为他深得汉文帝的宠信，而遭到其他大臣的谗言诽谤。不久后，历史的悲剧再次重演，贾谊被流放到长沙来，最后悲伤而死。

司马迁想着他们的悲剧，走下船来，踏着江岸的水草，一边行走，一边吟诵屈原和贾谊的诗文。屈原与贾谊，这两个生不逢时的奇才，就这样带着哀怨，过早地离开了人间，两朵绚丽的生命火花正当绽放之时，却突然熄灭了。

想到这一切，司马迁深深叹息着。他钦慕他们的才华，更惋惜他们的不幸，那么自己呢？在自己将来的人生旅途上，又会遭遇怎样的不幸？

在屈潭徘徊了不知多长时间，他终于暗下决心："不管将来遇到什么样的困难和阻力，哪怕遭遇屈原和贾谊一样的不幸，我也要坚持下去，不向命运低头！"

怀着悲愤的心情，司马迁开始了他的第二段旅程。

## ▶ 寻访舜帝遗迹

离开罗县，司马迁来到长沙一带并逗留了数日，接着便沿湘江逆水而上了。

一路停停走走，他饱览了楚国故地的风光景色，感受着这里的乡俗民情，花费了些时日。船溯潇水而上，抵达泉陵（今湖南零陵），然后从这里登岸至营道（今湖南宁远一带）。

远远地，他就看到云雾缭绕的九嶷山。云雾之上，果然是九座山峰，每座山峰都很相似，青黑的群峰矗立在茫茫的烟波之上。

司马迁以前听说过这样一个故事。传说聪明美丽的娥皇和女英，是上古时期部落酋长尧帝的两个女儿，也称"皇英"。尧帝晚年，想物色一个满意的继承人。他看到舜是个德才超群的大贤人，于是，就把帝位传给了舜，并让娥皇和女英做了舜的妻子。

娥皇封为后，女英封为妃。舜不负尧的信任，起用禹治洪水，使人民过上了安定的生活，娥皇、女英也全力协助舜为百姓做好事。舜帝晚年时，九嶷山一带发生战乱，舜想到那里视察一下实情，就把这想法告诉了娥皇、女英。两位夫人想到舜年老体衰，很不放心，争着要和舜一块去。舜考虑到山高林密，道路曲折，很不安全。于是，只带了几个随从，悄悄地前去了。

娥皇、女英知道舜已走的消息，立即起程去追赶了。她们追到扬子江边时，遇到了大风，一位渔夫把她们送上洞庭山。后来，她俩得知舜帝已死，埋在九嶷山下，便天天扶竹向九嶷山方向泣望，把这里的竹子染得泪迹斑斑。后来，她俩投湘水而亡。因为她们姐妹死在湘江，便称娥皇为湘君，女英为湘妃，把当地特有的紫斑竹，称为湘妃竹，以纪念她们姐妹二人的深情。

司马迁被这一美丽的神话传说深深地打动了，他登上九嶷山，走向了那漫山的竹林，慢慢穿行于棵棵斑竹之间。他在想，舜真的葬在这里？娥皇和女英真的到过这里吗？

司马迁站在山脚下，向上仰望着山峰，他的心像是插上了双翅，越过起伏的山峦，驰向了那悠远的上古时代……

那是一个怎样神奇的世界呀！郁郁葱葱的处女地上，如画的山山水水，人民温良淳朴。没有欺诈，没有酷吏，没有饥饿与不幸，也没有腐化与堕落。有壮丽的日出，有月明星稀的宁静夜晚，有勤劳和睦的人家，还有低沉悠扬的歌咏……

舜陵

司马迁考察了九嶷山，踏寻舜的遗迹后，便往湘西而去。他顺沅江而下，经辰州到长江，再顺流过两湖盆地，来到江西的九江。小时候龙门的传说又涌上心头，还想到了大禹治水的故事。这里河流众多，并且都向东方流去，最后汇集成大江，会不会与当年大禹治水有关呢？司马迁对自己的这一想法感到兴奋不已，他一时思绪联翩，想起了许许多多有关大禹治水的美丽传说。然而龙门山是暂时去不了了，司马迁想了想，决定到会稽（kuàijī）山（位于今浙江省绍兴县的东南方向，原名涂山，改为"会稽"，就是"会计"之意。大禹曾在这里大会诸侯，总结治水工程，表彰有功人员，同时计算他们应该交多少赋税）去考察一下。来到会稽，司马迁听到更多有关大禹治水的传说，使他对这一传奇人物的认识更加丰富和完整起来。

## 名人传记 司马迁传

尧在位的时候，黄河流域发生了很大的水灾，中原大地上接连几十天的大雨，河水暴涨，最后冲出河床，漫上河岸，一场空前的水灾发生了。漫天的洪水，就像脱缰的野马，一泻千里，不可阻挡。房屋被冲垮，庄稼被淹没，成群的牛羊被卷走。人类也没能逃脱这场天灾，葬身洪水之中的不知有多少。当时的最高首领是大名鼎鼎的尧，人们叫他尧帝。仁慈的尧帝见到人民受难，十分难过，命令夏后氏部落的首领鲧去负责治水。鲧采用挖沟筑堤的办法想堵住洪水，可是这边堵住了，那边又冲垮了。这样干了九年，洪水丝毫没有减退，死的人更多了。这时候，尧帝因为年老，把首领的位子让给了舜，舜因为鲧劳民伤财，一气之下把他流放到了沂山。后来，鲧就死在了那里。鲧有一个儿子叫禹，是个很有志气的青年，他继承父位，成了夏后氏部落的首领，人们都叫他夏禹。这一天，舜帝把各个部落的首领聚在一起，商量治水的办法，夏禹首先说出了自己的意见："我父亲过去只知道去堵，去挡，可这么大的洪水，怎么挡得住呢？结果水越堵越大，没被淹的地方也给淹了。我看咱们应该改改办法。"

"你有什么好主意，说说看。"舜满含期待地问道。

"我想可以用疏导的办法，把原来的河道挖宽，再多挖些小沟渠，把大片的水引到沟里，让它一直流到大海里去。"

"嗯，这个办法不错。可以试试，过去就没人想到这个办法。"

"要是没有我父亲的失败，我也想不到啊！"

"尧帝在位的时候，最大的心愿就是根治洪水灾害，解救受苦受难的百姓。可是这个愿望一直没有实现，大家看谁能担当这个重任？"

"这个人还用再找吗？不是正站在您身边吗？"有首领提醒道。

"老子没完成，儿子接着干。"别的首领跟着附和道。

"好，这正跟我想的一样。夏禹啊，我知道你是个有胆量、有心胸的男子汉，大家都说你一向敏捷、勤俭，仁爱可亲，行为端正，言行一致。从现在起，你就把治水的事管起来吧。"舜当即拍板了。

"好吧，我向舜帝和各位首领发誓，不治理好洪水，我就不回来见你们。我也向父亲的在天之灵发誓，我要把他老人家没完成的事业接替下去，全力以赴，争取圆满完成嘱托，好让他那颗负疚的心得到安宁。"

年轻的夏禹告别了舜帝和众首领，踏上了治水的征途。当时，黄河中游有一座大山，叫龙门山（在今四川）。它堵塞了河水的去路，把河道挤得十分狭窄。奔腾东下的河水受到龙门山的阻挡，常常溢出河道，闹起水灾来。禹到了那里，观察好地形，带领人们开凿龙门，把这座大山凿开了一个大口子。这样，河水就畅通无阻了。他和老百姓一起劳动，只见他戴着箬帽，拿着锹子，带头挖土、挑土，不辞辛苦。他的脚因长年泡在水里，连脚跟都烂了，只能拄着棍子走。

治水的时候，禹刚新婚仅仅四天，还来不及照顾妻子，便为了治水，到处奔波去了。这期间，他三次经过自己的家门都没有进去。第一次，妻子生了病，他没进家去看望；第二次，妻子怀孕了，他没进家去看望；第三次，妻子生下了儿子启，婴儿正在哇哇地哭，禹在门外经过，听见哭声，也忍着没进去探望。

大禹带着老百姓经过十几年的努力，终于把洪水引到大海里去了，地面上可以供人们种庄稼了。

舜帝对禹非常欣赏，选他作了帝位的接班人。禹接位治理国家十年后，在巡察东海时，老死于会稽山，便安葬在那里。

在会稽山，司马迁探察了禹穴。那是一处幽深的山洞，据说大禹曾在里面探险。这儿的山上留有禹王庙，山下还有他的陵墓。

司马迁除了实地考察了大禹的各种传说之外，还在这儿听到越王勾践"卧薪尝胆"的故事。

公元前496年，吴王阖闾率兵讨伐越国，双方激战不止，死伤惨重，局势僵持不下。后来，阖闾不小心负了伤，病情严重，不久就死了。吴军群龙无首，顿时乱成一团，被越军打得落花流水，惨败而归。吴国太子夫差听了父王死去的消息，号啕大哭，对越王恨得咬牙切齿，发誓一定要报仇雪恨。夫差即位为王以后，加强练兵，励精图治，国力越来越强盛，他攻打越国的信心也越来越足了。而越王呢，得胜之后沉溺于胜利果实之中，对将士论功行赏，昼夜宴欢，逐渐放松了对吴国的戒备。公元前494年，吴王率兵再次攻打越国，越王没有防备，仓促中派兵迎战，但已经不是吴国的对手。兵强马壮的吴军一鼓作气，攻到了越国的都城，越王勾践节节败退，最后在会稽山向吴王求和。吴王夫差想杀了他给父亲报仇，后来在臣子们的建议下，将勾践带回了吴国。勾践只得忍气吞声、小心翼翼地侍奉着夫差，就像仆人一样。他心里对这一切耿耿于怀，日夜思考着要东山再起，洗刷这些耻辱，但他表面上不敢有丝毫流露，怕万一被吴王夫差看出来，脑袋就保不住了。就这样，他表面毕恭毕敬地服侍着吴王，不敢有半点疏忽，有些连最低贱的仆人都不会做的事，他也会去做，为的是迷惑吴王，让吴王以为自己已经完完全全服从他的统治，已经没有丝毫的异心了。吴王夫差果然上了当，渐渐消除了对勾践的戒备，特别是经历一件事后，让他对勾践连一丁点的防备都没有了。那是他病后初愈，勾践竟然亲口尝了他的大便，然后跪在地上向他祝贺："恭喜吾王龙体康愈！臣刚才试过陛下的粪便。病人的粪便是甜的，而臣刚才却尝到了苦味，说明陛下龙体健康、龙威重振了！"吴王见他如此忠心耿耿，竟然也有点感动了，不顾臣子的再三劝阻，就将勾践放了回去。这真是放虎归山。勾践回到会稽之后，念念不忘所受的耻辱，他雪耻的决心并不亚于当年夫差听到父王死讯时的心情。为了激励自己发奋图强，他在屋里悬挂了一个苦胆，每次吃饭前都要尝尝那苦滋味，而且睡觉时都是睡在柴草上。经过十年的苦心经营，越国又强大起来。公元前482年，越王勾践趁吴王率精锐大军赴黄池（今河南封丘西南）与晋国争做霸主、国内空虚的机会，领兵攻打吴国。吴国的精壮兵力都被吴王带走了，那些老弱兵卒哪里打得过蓄养了十年的强敌？越王勾践不费吹灰之力就打败了吴军，并且杀死了吴国的太子。几年之后，又出兵灭掉了吴国，吴王夫差只得含恨自杀了。

司马迁来到当年越王勾践卧薪尝胆的地方，深深地为勾践复国的坚强意志所感动，但同时也感叹历代各政权互相倾轧争战给人民带来的灾难。各个统治者或是称王称霸，或是惨败失势，人民都是牺牲品，国强国亡，人民何偿有大的改观，都还要受到统治者的奴役和盘剥。司马迁在当地搜集了许多关于春秋战国时期的史料，这对以后《史记》的著述有很大帮助。

### 名人名言·交友

1. 海内存知己，天涯若比邻。

   ——〔唐〕王勃

2. 朋而不心，面朋也；友而不心，面友也。

   ——〔西汉〕扬雄

3. 君子之交淡若水，小人之交甘若醴；君子淡以亲，小人甘以绝。

   ——〔战国〕庄子

4. 君子与君子以同道为朋，小人与小人以同利为朋。

   ——〔宋〕欧阳修

5. 人生得一知己足矣，斯世当以同怀视之。

   ——鲁迅

6. 友谊是两颗心真诚相待，而不是一颗心对另一颗心的敲打。

   ——鲁迅

7. 友情在过去的生活里，就像一盏明灯，照彻了我的灵魂，使我的生存有了一点点光彩。

   ——巴金

8. 友谊和花香一样，还是淡一点的比较好，越淡的香气越使人依恋，也越能持久。

   ——席慕蓉

9. 友谊永远是一个甜柔的责任，从来不是一种机会。

   ——〔黎巴嫩〕纪伯伦

10. 挚友如异体同心。

    ——〔古希腊〕亚里士多德

# 第四章 Sima Qian 漫漫仕途

为政者,廉以洁己,慈以爱民。

——〔清〕王夫之

## ▶ 初为郎中

　　汉朝的郎中是跟随在皇帝身边的侍卫。他们的工作性质很自由，没有一定的限制，就像战国时期的国君或王公贵族的"养士"。

　　郎中平常都住在宫里，皇帝出巡时便随侍在皇帝左右，所以是皇帝身边现成的顾问。皇帝临时想到什么事，常派郎中去执行。他们没有固定的工作任务，没有办公室，也没有一定的人数，最多的时候达到好几千人。他们的任务和人数，全由皇帝决定。

　　汉朝的官，不是从政府机关中选拔出来的，就是有钱人用钱去买来的，穷人根本没有迈入仕途的机会。汉武帝采取考试的方式选拔郎中，才使得司马迁成了时代的幸运儿。因为他父亲司马谈的官位不高，家里也没钱，照理说他根本没有机会当郎中。谁知他运气实在不坏，刚好遇到博士弟子制度的颁布实施，才有机会凭自己的真才实学，得到这个令人羡慕的位置。司马迁在博士弟子会考中表现优异，被皇上选为郎中，这对司马迁来说，真是太突然了，因此他心里百感交集。

　　担任郎中，往往是跨入仕途的第一步，所以在当时的社会上，都把成为皇帝身边的郎中看作未来飞黄腾达的起点。司马迁来到宫中，胸怀成就一番大事业的愿望；但是，最初他并没有什么具体的事务可做。

　　过了几天，他和一班郎中得到命令，陪同皇上去上林苑打猎。汉武帝当初登位的时候，喜欢微服私行，喜欢在皇家猎场驰骋游猎。每次外出，他自称平阳侯，命侍中、武骑等数人带上佳酿美酒，与一群以骑马射箭为业的纨绔少年相约，痛痛快快地玩一阵。

有一次，众人浩浩荡荡驰下南山，射杀鹿狐。由于文帝、景帝曾开放上林苑让老百姓耕种，因此上林苑里的空地被农民种上了农作物。汉武帝等人在围猎时只顾痛快，在庄稼地里纵横驰骋，早忘了蹄下的禾苗。痛心的农民大声叫骂，并告到县衙。县令接到报案后率兵追捕，拦住了他们的去路。县令喝令将他们拿下，直到他们掏出皇室凭证，仍被扣留了好一阵子才得以脱身。

还有一次，汉武帝围猎乐而忘返，回来的路上天黑了，走到长安城一个叫柏谷的地方，想请求亭长借宿。亭长拒不接纳，叫他们滚出去。众人只好走进一家客栈。客栈主人见汉武帝等人进来，就对汉武帝说："看你这么高大的一条汉子，不参加生产劳动，却带剑聚众夜行滋事，肯定行为不轨。"

吃饭时，汉武帝请求上酒，年老的店主人轻侮地说："酒没有，尿倒是有一壶。"坐了半晌，仍不见酒饭上来。汉武帝警觉，派人侦探，发现老店主邀集了一伙手持刀剑、肩背弓矢的壮年人，正要收拾他们。汉武帝吓了一跳，带着一行人赶紧逃走……

经过几次历险后，汉武帝外出时不仅带着侍从、武将，还设置了一些更衣所和看台。这样便于打猎，也可以站在看台上观赏别人的猎斗。

那天，司马迁和一群郎中早早地等候着，足足站了一个时辰，仍不见皇上的影子，心中不免有些焦急。皇家猎场很是壮观，那劲舞的旌旗在西风中猎猎作响，郎官们个个手执戈矛，精神抖擞，围着猎场站了一圈。

汉武帝身着黄色猎装，昂首健步登上一座高高的看台。他那藐视的眼神傲慢地俯瞰大地，真不愧有真龙天子的气质和威严。

打猎的场面热热闹闹。开始时，司马迁还感到新鲜好奇，后来只觉得无所事事，发现自己在这种场合一点也派不上用场。

一晃几个月过去，司马迁逐渐弄明白了郎中的地位。看来这郎中，充其量不过是皇帝的"家仆"，只有等皇上主动问起来，才能发表一点意见，否则最好少说为佳。唯一的机会是受皇上临时派遣，去执行某项任务。假如没这运气，郎中也就只能负责看守皇宫内的大小门户。这种乏味无聊的差事，使司马迁十分沮丧。

可是，这个身份也提供了一种方便，就是可以随时了解皇上在干什么，可以看到或听到百官公卿都不知道的秘闻。皇上面对大臣的时候只有一副面孔，而侍从却能见到他生活中的多种面孔。

司马迁利用这个机会，特别留意汉武帝的活动，并记下了他的一言一行……

另外，他感到快乐的是结识了同为郎中的任安和壶遂，三个人很快成了好朋友。任安真诚坦荡，壶遂精明能干，他们都很欣赏司马迁的学识和文章。他们在一起纵论古今人物，讨论天下文章。任安说，他年少时喜欢司马相如的赋，觉得文采沛然，气势磅礴，但司马相如后来写的赋大都是粉饰太平、歌功颂德的浮华之作，让人看了不舒服。司马迁和壶遂都点头表示有同感。

任安和壶遂夸赞司马迁的文章质朴自然，叙事简洁，议论精彩，有先贤古文的遗风。司马迁听了很受鼓舞。

司马谈的父亲司马喜（司马迁的祖父），虽然名为"五大夫"，却只是一个没有薪俸的官。司马谈大半生就跟着父亲在芝川的乡下耕田，在那段"日出而作，日落而息"的日子里，他没有一刻敢忘记自己是史官的后代。他不断地告诉自己，要凭自己的努力，把司马氏的事业继承下去，并传给子子孙孙，使人类的活动随着他们司马氏的世代交替，永远地记录下去。

他把儿子带到茂陵来读书，是希望儿子能在更好的环境下，学习当史官的各种知识。司马迁天资聪明、勤奋好学，加上这些年来游历天下，已经积累了许多当史官的学识。但眼下司马迁成为皇帝身边的郎中，置身于一班官吏之中，说不定会受到博取功名利禄的熏染，背离史官家族的使命。这是作为父亲的司马谈所不愿意看到的。

司马谈心中还有另一层难以言明的顾虑。自从汉朝开国以来，朝廷对关西人是一贯歧视的，认为关西人是秦朝的后裔，他们身为亡国奴，对汉朝不会忠心耿耿，也就不能重用。最典型的例子是名将李广，他的威名震慑边关，匈奴人称他为"飞将军"。有他驻守在边境，匈奴人不敢南下半步。早在汉文帝、汉景帝时期，李广就为汉朝立下了汗马功劳，但一直得不到应有的待遇。到汉武帝时，经过的三个皇帝竟没有一个肯给他封侯，承认他对朝廷的功勋。他把一生都奉献给了朝廷，可是他得到的却是不公平的待遇，只因一次败仗，就把他晾了起来。后来汉武帝发觉不用他，匈奴就频频南下侵扰边境，不得已才又把他召回来，派他去当了右北平的太守。

作为关西人，李广的命运是这样的坎坷。司马谈想到自己的老家在陕西，儿子尽管有才华，如今受到皇上器重，可到底也是一个关西人啊！

眼下皇上已经做出了决定，儿子进宫里担任郎中已成定局。这桩本来让人高兴的大喜事，却让司马谈辗转反侧。最后，他也只能顺应时局的变化了。

在司马迁进入宫中担任郎中的时候，父亲送给他一件不同寻常的礼物。

司马谈对司马迁说："自从爹当了太史，才有机会研究各家各派的学问，算算至今也已有二十多年了。你现在将开始自己的生活，我把这些年来的研究心得，写成一册书拿来送你，对你也许有些帮助。"

司马迁愣住了，双手捧过父亲送给他的那册书，眼圈红了，跪下来接受。他知道这册书里的一字一句，都是父亲耗费精力，用尽心血累积而成的。

司马谈的这册书叫《论六家要旨》，它把秦朝以前中国最重要的六种不同学派，即阴阳家、儒家、墨家、名家、法家、道家的学问，进行了系统的比较研究。

司马谈认为，在这个节骨眼上，把自己的著述送给儿子，实在是非常必要的。他要让儿子进一步研读，从而明白一个道理，那就是：各种学说都有它的长处和短处，必须灵活运用、触类旁通，才算是完整、真正的学问。他认为儿子还年轻，学习中体会得越多，才会越明了思想和学术的天地是非常博大、迷人的。他希望儿子在以后的官场生活中，即使遇到挫折，也不要钻死胡同，而能够回到学术研究的道路上，干出一番事业来。

司马迁并不知道父亲的复杂心情。他只是觉得研读父亲的《论六家要旨》，能感悟到父亲的渊博学问和深邃思想，实在让自己心生钦佩。

司马谈的《论六家要旨》对六家思想的比较研究，确实达到了很高的学术境界。后来的许多学者认为，这本书对六家思想做出了最简单精要也是最为公允的评价。

## ▶ 西北战火

汉朝自建立以来，西北边境一直不安定，作为游牧民族的匈奴人不时南下骚扰。他们骑着马，从北边广阔的大草原奔袭而来，行动迅速，来去飘忽，让汉朝统治者很伤脑筋。

汉文帝和汉景帝时期，为了发展生产，壮大国力，需要一个安定的社会环境，因此对西北边境的少数民族采取了忍让政策。汉武帝时期，社会生产力得到恢复，具有雄才大略的年轻皇帝，岂能容忍西北边关屡遭侵袭!

　　那些骑马的匈奴人,气势汹汹而来,掠夺财富和人民,耀武扬威而去。汉武帝觉得这是奇耻大辱,决心扭转局面。

　　司马迁还在江南一带游历的时候,即公元前125年,匈奴骑兵再次袭击代郡、定襄、上郡,杀死当地几千民众,抢走他们的财产,汉武帝为此十分愤怒。经过一番准备,第二年,汉武帝派卫青率领十万大军赴朔方、高阙,攻打匈奴。汉军有备而来,匈奴抵挡不住,被打得狼狈逃窜。卫青率将士奋力追击,杀死和俘虏了一万五千名匈奴人。

　　汉武帝对这一仗非常满意,信心大增。过了一年,他再次命令卫青统率十万将士组成浩浩大军,从定襄北上攻打匈奴。大军一直追到大漠深处,击败了匈奴大军。这场战争中,有两个将军的表现令人失望:一个是叫赵信的将军,他被匈奴人击败,向匈奴投降了;另一个是叫苏建的将军,他的军队被匈奴人打散了,只身逃了回来。汉武帝非常生气,把苏建贬为普通老百姓。

　　总结两次与匈奴人较量的经验,汉武帝觉得鼓舞士气是至关重要的事。因此,他采取了一项强有力的措施:平民出身的军人在战场上奋勇杀敌,凭立下的战功可以封爵。这可是一项具有重大社会影响的改革措施,有人感到高兴,也有人表示不满。

　　那些深感不满的人,都是些有爵位的上流社会人物。当时的社会,等级制度森严,爵位是世代相袭的。他们觉得那些粗鲁的军人立了战功,也能升官封爵,与自己平起平坐,真是一大耻辱。但他们敢怒不敢言,因为汉武帝是个强权铁腕的人物,对他的改革说三道四,他们自己会招来大麻烦。

　　而军队里的将士对汉武帝的措施却十分欢迎。他们觉得凭借战功可以封爵,打起仗来更有劲头了,因此士气高昂。汉武帝利用这一措施,达到了笼络将士、鼓舞士气的目的。

　　西北的匈奴人不甘心前两次的失败,仍然在西北边境纵马横

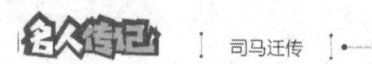

刀，跃跃欲试。汉朝与匈奴更大规模的决战，还在后头呢！

这时，汉武帝把注意力全部集中在对付北方的匈奴上，每天想的都是怎样增加国家的收入，用来铸造兵器盔甲，训练强大的军队。

公元前121年，发生了著名的河西会战。青年将军卫青的外甥霍去病在春、夏之时两次出塞，深入大漠两千里，在祁连山大破匈奴。汉军斩杀、俘虏匈奴共计四万多人。

这次大捷，迫使匈奴单于（chányú）带着四万多匈奴人投降了汉朝。汉武帝别提多高兴了，令他们迁移到天水、北地、上郡、西河、安定五郡，分别成立五个属国。而在匈奴原来居住的河西地区，开辟了武威、张掖、酒泉、敦煌四郡。

第二次大捷，是发生在公元前119年的漠北之战。由卫青、霍去病各率领五万骑兵，编组成五个兵团，展开了一次有史以来规模最庞大、战线最绵长的大远征。卫青从定襄出塞，在西战场大败伊稚斜单于，还一直追赶到窴（tián）颜山（今蒙古境内），斩杀匈奴一万九千人之多。霍去病则兵分两路，分别从代郡和右北平郡出塞两千里，贯穿大漠，在东战场和匈奴大军激战，杀死匈奴七万多人，一直到了狼居胥山才大胜而返。

这两次辉煌的胜利，使汉武帝踌躇满志。

司马迁十分关注这些战争的进展。他认为，虽然汉军把匈奴赶得远远的，但是双方损失却不相上下。汉军以十四万匹马出征，回来只剩下三万匹，损失惨重。当时与匈奴作战，没有马匹就无法获胜。汉朝在短期内，丧失了发动大战争的能力。战争时期，兵马需要大量粮食，都要长途运送，所有财力、物力、人力等，都要在百姓身上榨取，加重了老百姓的负担。

这两场战争中，不少关东军将士得到封赏，关西军的将士却没有得到应有的待遇，秦国子民被朝廷歧视的事实，充分暴露了出来。这对司马迁的心灵造成了很大打击。他想起父亲以前和他提过的这个问题，面对现实，他不得不承认父亲是对的。

汉武帝当时的宠妃卫子夫，就是卫青的姐姐。卫青靠了他姐姐的关系，得到了汉武帝的重用，他的外甥霍去病也连带被提拔起来。历史上把皇帝后妃的亲人都叫作外戚，而当时掌握军队指挥权的重要人物，就是这些外戚军人。

## ▶ 李广难封

汉朝军队里的军人，有着关东、关西的派系。所谓关西人，也就是原来属于秦国的子民，他们剽悍勇武，历来骁勇善战。关东军人是指最早随刘邦打天下的那班将军统率的军队。

现在，卫青、霍去病等一批外戚成了军队的最高长官，掌握了指挥权。但每次在战斗中充当作战骨干的却是关西人，他们有战功却得不到封赏。其中，最有代表性的就是李广将军。

李广是陇西成纪人（今甘肃静宁西南），他的祖辈原来在秦朝就是将军，他的儿孙后来也都是汉朝将军，可以说是军人世家。

李广打起匈奴来，骑马奔跑像飞一样，箭又射得准。匈奴贵族和骑兵，也都知道李广的厉害。早在汉文帝和汉景帝时期，就规定打匈奴只把来犯的匈奴打出境，绝不打到匈奴的地界去，匈奴只要知道李广在边界附近，就不敢骚扰大汉边境。汉文帝时，朝廷安排他做过陇西太守。汉景帝时，他也当过北郡太守。陇西、北郡，都是北方的边界地区。

公元前129年，匈奴又来进犯，一直打到上谷（治所在今河北怀来东南）。汉武帝派卫青、李广等四个将军，每人带一万人马，分四路去抵抗匈奴。这四个将军当中，李广年纪最大。汉文

名人传记　司马迁传

帝曾经对他说："可惜你在我手里做将军不是时候，如果你在高皇帝手里，封个万户侯也算不了什么。"

有一回，李广带着一百个骑兵追赶三个匈奴兵，追了几十里地才追上。他射死了其中的两个，把第三个活捉了，正准备回来，突然前面来了几千个匈奴骑兵！李广对士兵们说："咱们离大军几十里地，回不去了。干脆下马，把马鞍子也卸下来，大伙儿躺在地下休息一会儿。匈奴以为咱们是要引他们过来，一定不敢贸然攻打咱们。"

飞将军李广

李广他们就都下了马。匈奴的将军果然害怕了，马上叫士兵们上山，布置抵抗的阵势。有一个骑着白马的将军冲下山来，李广立刻上马赶过去，只一箭，就把他射死了。李广一回来，又下了马，躺在地下。天渐渐黑下来，匈奴认为前面一定有埋伏，提心吊胆地守着山头，就是不敢下来。到了半夜，他们趁着天黑，偷偷地逃了。天亮了，李广一瞧，山上没敌兵了，大伙儿这才回到大营。

李广箭法好，行动快，忽来忽去，谁都摸不清他打哪儿来、往哪儿去，匈奴就给他一个绰号叫"飞将军"。

这一回，汉武帝派出四路人马去抵抗匈奴。匈奴的首领叫军臣单于，他把大部分的兵马集合起来，沿路布置了埋伏，要活捉李广。李广打了一阵胜仗，往前追去。他哪儿知道匈奴是诈降引他进去的。这一下子李广可倒了霉了，他掉在地坑里，被匈奴的伏兵活捉了。匈奴的将士们高兴极了，他们一看，李广快死了，便把他放在用绳子织成的吊床里，用两匹马驮着，送到大营里去

第四章　漫漫仕途

西汉伟大的史学先驱，《史记》之父

献功。

　　匈奴的将士们一路走，一路唱着歌。李广躺在吊床里纹丝儿不动，好像死了似的。大约走了几十里地，他偷偷地瞅着旁边一个匈奴兵骑着一匹好马，使劲地一挣扎，猛一下子跳上那匹马，夺过弓箭来，把匈奴兵推下马去，掉过马头拼命往回跑去。

　　等到匈奴的将士们一起去追，李广已经跑到山里了。他一面使劲地夹住马肚子催马快跑，一面连着射死了几个追在最前面的匈奴兵。匈奴的将士们瞧着李广越跑越远，只好干瞪着眼看他逃回去。

　　李广因为吃了败仗，被定了死罪。按朝廷的规定，可以交钱赎罪，于是，这事之后他回到老家做了平民。第二年秋天，也就是公元前128年，匈奴两万骑兵又打进来，杀了辽西太守，掳去青年男女两千多人和不少财物。汉武帝便又起用李广，派他为右北平（治所在今辽宁凌源西南）太守。

　　听说李广做了右北平太守，匈奴吓破了胆，急忙逃到别处去了。右北平一带没有匈奴人了，可是那里野兽太多，常有老虎出来伤害人。有一天，李广回来晚了，天色半明半暗，正是老虎出来的时候。他和随从都很小心，唯恐山腰里突然跳出一只老虎来，他们一面走着，一面提防着。

　　忽然，李广瞧见山脚下草丛里好像蹲着一只斑斓猛虎，拱着脊梁正准备扑过来。他连忙拿起弓箭来，使劲地射了过去，并且一下就射中了。手下的人全都跑过去逮虎。可是他们走近一瞧，全愣了。原来中箭的是一块好像老虎的大石头！箭被射进去很深，拔也拔不出来。大伙儿奇怪得不得了。李广也有点纳闷儿：石头怎么射得进去呢？这个消息传开后，匈奴更不敢来侵犯右北平了。

　　公元前119年，飞将军李广做了郎中令（宫廷的守卫官），经常陪伴在汉武帝左右。他请求去打匈奴，汉武帝说他太老了，不让他去。李广再三说："匈奴屠杀我们的老百姓，我实在不忍再在京师安安稳稳地住下去了。"汉武帝便同意了他带一队兵，由大将军卫青统领。出发前，汉武帝嘱咐卫青说："李广将军年老，不可让他独当一面。"

可是卫青派李广往东绕道进兵，指定日期到漠北（蒙古大沙漠以北地区）会齐。李广要求打先锋，因为他不熟悉东路的情况，卫青并没答应。后来卫青的大军回到漠南（蒙古大沙漠以南地区），才碰到李广的军队。卫青责备他误了日期，李广气得连话都说不出来。

卫青派人审问李广行军误期的缘由，李广流着眼泪对将士们说："我自从投军以来，跟匈奴打仗，大小七十多次，有进无退。这次大将军不让我跟他在一起，一定要我往东绕道儿。东路远，迷了道儿，耽误了日子。我还能说什么？我已经六十多岁了，犯不着再上公堂。"说着就自杀了。

李广一世盛名，威震天下，却不料英雄末路，竟以自刎的方式对命运对他的不公表示了抗议，部将们不禁齐声号啕痛哭。消息一传出，军营顿时陷入一片哭声中。

"李广延误军机，畏罪自杀了！"

听到从朝廷传出的这个消息，身为郎中的司马迁简直无法相信。自李广随军出征后，司马迁就热切地盼望着听到他的捷报。另一方面，他还有一个不为人知的心思，就是想看看李广立功后皇帝是不是重用他，是不是像父亲说的那样：皇帝是歧视关西人的。

所以，司马迁几乎是把李广出征当作自己命运的试金石一样。当李广自杀的消息传来，司马迁几乎惊呆了：怎么回事？这是真的吗？

接着，皇帝下诏命令李广最小的儿子李敢继任了他的职位——郎中令。

许多人都暗中猜测，有人说李广死得其所，死得应该，有人说李广是被奸人所害，冤深似海。

李广的死讯，很快就被塞外陆续传回来的捷报给冲淡了。大将军卫青、骠骑将军霍去病所领的两支大军终于把匈奴赶走了。

不久后，卫青、霍去病双双凯旋回朝，汉武帝亲自为他们摆下盛大的庆功宴。

司马迁为李广凄惨的遭遇而伤心，为李广壮烈自刎而感慨！

叹息之余，司马迁也深深省悟到，李广虽然死了，但他的一生却为世人留下了动人心魄的事迹。这样感人肺腑的故事该如何记录下来呢？

司马迁和父亲讨论李广的遭遇，司马谈沉吟一会儿，说："李将军的死固然是冤屈的，我们做史官的人在记录的时候，却不能因为这件事而评说皇上和卫青的坏话。"

司马迁听了，感到很意外。

"如果你只看到李将军的可怜遭遇，就看不到卫、霍两位将军把匈奴赶出北方边境的功劳，也看不到是皇帝发动战争，驱赶匈奴，而换来的边境安宁。做史官的人，不能只站在李将军那边来指责皇帝，也不应只站在皇帝这边来隐瞒李将军的事。换句话说，史官的笔下，没有个人的感情，只有事实！"

司马迁终于懂了，也明白了父亲为什么在《论六家要旨》中那么称赞道家了。原来只有道家那种自由而兼顾大局的看法，才是一个史官应有的胸襟呀！

司马迁问："父亲，照您这样说，该如何记载李将军和卫将军之间的事呢？"

"很简单，你只要不动私心，不偏向任何一方，如实把事实写下来就行了，让事实说话吧！"

## ▶ 凶残的谋杀

李广死了，汉武帝为了掩人耳目，也为了弥补自己心中的愧疚，就让他的儿子李敢继任了郎中令。

将门出身的李敢，也是一位从战场上拼杀出来的硬汉。他曾以校尉的身份率领部属跟随骠骑将军霍去病袭击匈奴左贤王部，作战非常勇敢，亲手夺得左贤王军中的战旗和战鼓，杀死许多匈奴兵。因为立下赫赫战功，汉武帝封他为关内侯，享受二百户食邑的封地。他的脾气比父亲李广可要暴躁得多，是个敢作敢为的人。

李敢心情沉重，带着丧父之痛就任了郎中令，到了宫中。

到宫中不久后的一天，李敢遇到大将军卫青。想到就是这个靠裙带关系得意的家伙逼死了父亲，真是"仇人相见，分外眼红"。李敢心中十分愤怒，立即冲上前去，一顿拳打脚踢下来，把卫青打得鼻青脸肿。

李敢

司马迁知道这件事后，担心李敢会因此惹出大祸。周围一些人分析说："如果卫青没有做过什么对不起李将军的事，就会马上去向皇帝告状。可是他一声不吭地夹着尾巴跑了，可见他心中有愧，不敢把事情闹大！"

果然，过了好几天，宫里就像没有任何事情发生似的平静如常。

这件事就这么平息了，真奇怪。那大将军卫青平时够神气的，难道这一次心甘情愿被李敢白白地揍一顿？司马迁一直为李敢担心。

过了一段时间，汉武帝召卫青和霍去病到皇家猎场甘泉宫（今陕西淳化西北）去打猎，郎中令李敢自然也带着他的部属同往。

那是一个万里无云的好天，汉武帝率领一行人浩浩荡荡地开赴甘泉宫。到了猎场，汉武帝兴致勃勃地说："这园子里的獐、鹿，又肥又壮，只是性子狡猾，往往一现身就藏起来了，待会儿派一个骑术高明的人，去把猎物赶到空旷的地方，我们才好下手！"

跟在汉武帝身后的李敢明白他的意思，回头想叫队列里的郎官上来执行任务。那些人个个跃跃欲试，想露一手自己的马上身手，表现给皇上看。

汉武帝身边的霍去病突然说："启禀皇上，末将有个建议。"

"有什么好建议呀，请说说看，霍将军！"汉武帝对这位与匈奴作战表现不凡的霍去病将军十分宠爱，说话的语气很亲切。

霍去病说："自从飞将军李广去世以后，再也找不到像他那样善于骑马的人，可是我知道有个人，恐怕是要'青出于蓝而胜于蓝'。"

汉武帝勒住缰绳，很有兴致地问："是吗？有谁的马上身手比李广更矫捷？朕可得亲眼看看！"

"皇上，那人近在眼前，就是郎中令李敢呀！"

"哦！"汉武帝立刻转向李敢说，"太好了！你来宫中也有一段日子了，我还不知道你有那么好的身手。"

"郎中令以前跟随飞将军的时候，就曾带着十几个骑兵，在四万多个匈奴人的包围中自如进出，他的骑术可想而知。"

"好！将门虎子，后继有人。"汉武帝听了哈哈大笑，说，"李将军，待会儿有野兽出现，你就为朕驱赶它们，露一手你的骑术让朕看看吧！"

李敢听皇上这么一说，便赶紧低头称是。

正说着，前边的猎犬突然狂吠起来，李敢纵马奔向前去，紧追着一头受惊的公鹿。汉武帝朝前面的灌木林中看去，公鹿没命地奔跑，李敢策马紧追。那公鹿狂乱地跑来跑去，骑在马上的李敢巧妙地避着树枝，一会儿高一会儿低地在马背上翻越奔腾，露了一手精湛无比的马上功夫。

汉武帝和他的随行人员大声地喝起彩来。

经过一番追逐，那受了惊吓的公鹿昏头昏脑，往林子外面跑来了。李敢在后面虚张声势，把它往外面的空旷地上赶。

汉武帝看到猎物出来了，高兴地大叫道："出来了，出来了！霍将军先射吧，卫将军，你等他射空了再射！"

霍去病左手搭弓，右手拉个满弦，全神贯注地瞄准那头从林中跑出来的公鹿。所有的人屏息静气，等待着他一箭射中。

可霍去病就是迟迟不射，只是引弓待发。

李敢紧跟着公鹿冲出了林子。他见自己已把猎物赶到了空旷的地方，便勒马把速度放缓下来。忽然，一支利箭在阳光下一闪，挟着一道白光，朝他直射过来。李敢根本来不及躲避，那利箭便直穿他的胸脯。

"啊……"

大家异口同声地惊叫起来。他们清清楚楚地看到，李敢中箭后栽下马来。同时，那头鹿趁机钻入林子里，消失得无影无踪。

事情发生得太突然了，在场的人们一时都惊得目瞪口呆。

汉武帝也吃了一惊，愣了一愣之后，立即做出一个让在场的人脑袋轰然作响的决定。他召集在场的所有人说："大家刚才看到了，郎中令李敢是被那头鹿撞死的，你们谁敢对这件事胡说八道，我便诛你九族，永世不得翻身！"

在场的人心惊胆战，吓得魂飞魄散，只得低头称是。勇武的李敢将军怎么会被一头鹿撞死呢？朝中许多人暗自猜测。司马迁也很疑惑，心里暗自把这次"意外事件"和李敢暴打卫青那件事联系在了一起。不久后，一位目睹李敢被霍去病射杀的人，悄悄地把事实的真相告诉了司马迁。司马迁听了，心中惊骇不已："堂堂的皇帝竟然包庇杀人凶手，这是为什么呢？多么可怕啊！"

他神情黯然地回到家，要和父亲谈谈憋在心里的事。

父亲听他说了事情的经过，久久地沉默不语。

"子长啊！"司马谈语气沉重地说，"这李家父子相继离去，你一定已经看出一个事实，就是关西人在这个朝廷中，命运都掌握在别人手中。因为关西人是前秦的百姓，所以朝廷忌讳我们，一旦得罪皇上面前的红人，就是这个下场。唉……"

司马迁点了点头，等着父亲说下去。

"皇上为什么要这样处理这件事情？因为国家需要霍去病那样的将军到战场上卖命作战，他就要想办法笼络他。李敢在皇帝心目中只是个无关紧要的人。"

停了一停，司马谈接着说："我也为李家父子不幸的遭遇感到伤心难过。私下，我会把他们的遭遇记录下来，让世人明白他们的不幸，可是在公开的场合，我不会流露出我的感情！"

"那我们就只能装聋作哑了？"司马迁痛苦地问。

"只有这样才能生存下去。不然我们能有什么选择吗？"

"可是我受不了这样虚伪的生活！太压抑了，让人喘不过气来。"

"你把真正的感情写在文章里，就会好过得多了。"

司马迁听了父亲的一番话之后，心情平静了许多。

从那以后，司马迁除了从事朝中的工作之外，他便把大量业余时间用在了研读史书、练习写作上，在那里，他可以远离充满丑恶的现实，不让自己被虚伪的现实生活泯灭良知。

和同僚聊天时，他很留意那些出身贵族人家子弟的谈话。像苏建的儿子苏武，还有汉朝开国功臣舞阳侯樊哙的孙子樊他广、汉文帝时代贤臣冯唐的儿子冯遂……由于家庭背景特殊，他们知道很多别人所不知道的前朝旧事，对汉朝开国的情形知道得较多。司马迁把那些人的谈话悄悄地记录下来，再对着史料进行核实。

## ▶ 奉命出使西南

元鼎四年（公元前113年），汉武帝派遣安国少季等人出使南越，要南越王赵兴和太后樱氏入朝。南越自秦以来，虽自称为王，但一直服从汉朝。

当时南越的太后在到南越之前，曾经和安国少季相好，这次安国少季出使南越，两人已经熄灭的情火又重新燃了起来，暗地里相好。这件事很快被南越国人知晓了，他们觉得太后竟干出了这种丑事，很丢脸，便不再听从她的命令。

太后樱氏害怕这样下去会出什么乱子，所以她想借汉朝的声威，重振自己的声望，便劝南越王及其臣下内附汉朝。南越王赵兴年幼，自然听从太后的。汉武帝得知情由，同意了他们的请求，让他们准备入朝。

他们的计划遭到南越丞相吕嘉的反对。吕嘉是越人贵族，连续做了三代国王的丞相，势大权重。

吕嘉多次上书反对归顺汉朝。汉朝的使者来到南越，他托病不见。南越王与太后摆下酒宴，假意邀请吕嘉前来，真正目的是借汉使臣的势力将吕嘉杀掉。吕嘉来赴宴的时候，他的弟弟率领卫兵在宫外守候。

太后本想让安国少季凭着汉朝的符节刺杀吕嘉，哪知安国少季为人懦弱，在关键时刻犹疑不决，不敢对吕嘉采取行动。吕嘉见气氛不对，急忙离宫而去。太后大怒，亲手持长矛要刺吕嘉，却被南越王赵兴阻止。

吕嘉逃回家中，称病不出。暗地里和大臣谋商造反。他知道南越王赵兴本来没有谋杀自己的意思，所以几个月都没有发兵。太后也没有力量灭掉吕嘉。事情就这么僵持着。

汉武帝听说后，大骂安国少季无能。

经过一番考虑，汉武帝认为南越王赵兴与太后都已经归附汉朝，不必派大军讨伐了。他派了一支两千人的队伍，想去消灭吕嘉。没想到吕嘉知道了，并马上组织了自己的军队准备抵御。汉武帝得到情报，一怒之下，令伏波将军路博德率兵十万，前往平叛。

吕嘉的军队终因抵挡不住，被打得落花流水。南越被剿灭，且兰、邛等少数民族和其他西南夷各个小邦，吓得纷纷向汉中央表示归顺效忠。

闻得奏报，汉武帝转忧为喜，心情大为振奋。多年来一直桀骜难驯的南越国终于归入自己的版图，大汉的疆土又向南延伸了许多。

此后不久，汉武帝颁布了对西南夷的政策，让他们保持由来已久的风俗，不收他们的赋税。

元鼎六年（公元前 111 年），汉武帝考虑到西南夷虽然不敢再与朝廷作对，但他们内部并不稳定，有必要派一位汉朝使者去那里安抚，劝说那里的小国归顺汉朝。他想来想去，就是找不到一个口才好、学识渊博，并且气度恢弘足以代表国家的人来完成这个任务。

派哪位大臣去比较合适呢？汉武帝突然想起当年派司马相如当使者的事来，现在朝中不是有个才华杰出的司马迁吗？于是，汉武帝特地让司马迁谈了谈对西南夷的见解。

"回陛下！"司马迁说，"西南夷诸国，均邦小力弱，不堪重击。尽管以前发生过动荡反叛的事情，但实际上是受到南越的影响。现在南越已经被征服，西南各个小国也会感到害怕。只是，那西南夷诸国往往言而无信，喜怒无常，其内部眼下又动荡不安，上一次我朝派出的使者被杀，至今连尸骨还不曾得还。小臣以为，陛下不动用军队，而采取派使者前去安抚的策略，实在是英明的决策。"

汉武帝便下了命令，任命郎中司马迁为出使西南夷的特使，带随行人员一百，出使西南。

司马迁辞别家人，带着一百名随从侍卫，离开都城长安，踏上了前往西南的旅途。

司马迁一行人长途跋涉，一路辛苦，有时还要应付异常情况的发生。司马迁感到这次西南之行意义重大，觉得能够避免残酷的战争，减轻百姓的痛苦，自己吃点苦算不了什么。

来到西南夷，面对西南夷各邦国的君主，司马迁代表朝廷告诉他们：如果服从朝廷，可以保证他们生活安泰；假如继续作乱，就将坚决镇压！

就这样，又是劝慰，又是威吓，总算稳住了西南夷大片领土上的少数民族。

　　司马迁想起出使西域的前辈张骞，十分注意搜集沿途的地理、经济、人文方面的资料。如今自己也有了亲临祖国秀丽的山川的机会，他常常不顾旅途劳顿，进行考察工作，就像当年漫游大江南北一样，不忘到处搜集史料。路过李冰父子治水兴筑的都江堰时，他在那里停留了几天，进行勘察和访问，并对李冰父子的壮举和智慧充满了敬意。

　　走到陌生的地方，每晚休息前，他常会找来当地老乡，询问当地的物产、民俗、文物、古迹等，并一一记载下来。

　　这次出使西南，花了近一年的时间。司马迁亲自了解西南各少数民族的社会状况，为加强各民族之间的联系做出了贡献。

成长关键词：志存高远、意志顽强

### 名人名言·敬老

1. 老吾老，以及人之老；幼吾幼，以及人之幼。
——〔战国〕孟子

2. 子孝父心宽。
——〔宋〕陈元靓

3. 谁言寸草心，报得三春晖。
——〔唐〕孟郊

4. 无父无君，是禽兽也。
——〔战国〕孟子

5. 父母者，人之本也。
——〔西汉〕司马迁

6. 父子不信，则家道不睦。
——〔唐〕武则天

7. 内睦者，家道昌。
——〔宋〕林逋

8. 慈孝之心，人皆有之。
——〔宋〕苏辙

9. 长者立，幼勿坐，长者坐，命乃坐。尊长前，声要低，低不闻，却非宜。进必趋，退必迟，问起对，视勿移。
——〔清〕李毓秀

10. 重资财，薄父母，不成人子。
——〔清〕朱柏庐

## 第五章

### Sima Qian

### 父亲遗命

> 志士惜年,贤人惜日,圣人惜时。
>
> ——〔清〕魏 源

## "封禅"之争

在司马迁出使西南的时候,朝廷中的一些大臣和道士,极力怂恿汉武帝举行"封禅"大典。那些劝汉武帝举行"封禅"的人,目的是为了阿谀讨好汉武帝。他们说:"由您统治天下,真是合乎天地之理呀!"汉武帝自然非常高兴。

就在司马迁离开长安奔赴西南之后,汉武帝兴致勃勃地决定举行"封禅"典礼。汉武帝对于自己作为皇帝的统治地位,是非常自信的。经过多年来的经营,加强了中央集权,他的雄才大略得到了施展。他"封禅"的动机,根本不是要看看他的统治合不合天地之理,而是想借此登仙成神、长生不老。他以为"封禅"能够直接与上天沟通,是一个求神问仙的好机会。

汉武帝召集了一班道士,让他们制订"封禅"的仪式。可是他又担心天下人讥笑他迷信,于是又找了五十多个儒生(即指崇信孔子学说的文人,后来也泛指读书人)来研究仪式的细节。他想从儒家的经典里找到"封禅"的理论依据,用来掩饰自己"封禅"的实际动机。

由于"封禅"只是古代的传说,经典上不曾记载,那些儒生根本找不到什么依据。可他们又怕皇帝怪罪自己没有真才实学,于是对"封禅"的礼仪进行了凭空想象,每个人都有自己的一套,争论不休。

那些道士也没闲着,做了各种"封禅"仪式用的礼器。汉武帝令人将那些礼器拿出来,让儒生们评价是否如儒家经典上所说的一样。儒生们既不敢肯定，又不敢否定，只是犹豫不决地说："好像跟古代的不一样，具体是什么样子还要研究研究。"汉武帝听了，极不耐烦地赶走了他们。

泰山封禅

汉武帝干脆毫不掩饰，完全采纳了道士的意见，不惜花费人力和财力，用来筹备他的"封禅"大典。

各项准备工作就绪后，"封禅"的事就该一步一步来实行了。汉武帝于是率领十余万大军，迎风招展着千余里的旌旗，浩浩荡荡地越过长城，到了五原、归绥，在边境耀武扬威，把匈奴震慑了一番。然后到了陕西的中部县，在桥山祭祀黄帝。

传说中的黄帝坟墓就在桥山，汉武帝问左右随从："黄帝不是成仙了吗？怎么会有坟墓呢？"臣子们答道："坟墓里面葬的只是黄帝的衣冠。黄帝当然是羽化登仙了，他的臣子们因为思念他，才建了这个陵墓。"

汉武帝对这个回答非常满意，一点也不怀疑，还得意地说："原来是这样，他的臣子不错嘛！将来我要是成仙升天了，我的臣子会把我的衣冠葬在茂陵吧！"

汉武帝渴望长生不老，梦想羽化登仙，真是迷信到分不出真话和假话了。

## ▶ 父亲之死

汉武帝率满朝文武百官，在"封禅"的路途上浩浩荡荡地进发。司马谈身为太史令，也随行在队伍里。他对汉武帝热衷于"封禅"的态度是冷静的。那些花里胡哨的准备工作，他看了觉得荒唐。

别人都想通过"封禅"这件事情，极力地巴结和讨好汉武帝。对历史很有研究的司马谈，心中最清楚"封禅"应该是怎么一回事。在他的观念里，"封禅"是皇帝向天地报告施政情形的一项庄严神圣的仪式，唯有无愧于天地的圣贤之君，才有资格举行"封禅"。如果汉武帝从爱民施政的角度来进行"封禅"活动，司马谈认为是有意义的，可汉武帝实际的出发点却不是这样。他举行的"封禅"，根本就是为了让自己长生不老，这等于把古代传说中神圣庄严的大典，变成荒诞无稽的迷信把戏。

司马谈不能忍受这一切，心中感到闷得慌。如果不劝谏皇上，他认为自己就没有尽到史官的职责。但皇上对这件事如此重视，怎么会听他的劝告呢？他的心里充满了矛盾，不知道如何表达自己的意见。

"封禅"队伍出发了，司马谈到底没忍住，在半路的一次讨论祭祀细节的会议上，直言不讳地说出了自己的看法。这一来，引起了一场激烈的争执。司马谈始终坚持自己是对的。道士们和一些大臣无法自圆其说，就去向汉武帝报告，说司马谈对"封禅"持有异议。

汉武帝听了汇报，觉得司马谈先前对"封禅"很冷淡，现在大队人马都开到途中了，才说三道四，因此勃然大怒，命令司马谈留在洛阳"思过"，不准再跟随去"封禅"。

国家举行这么空前的大典，身为太史令的司马谈提的意见不被皇上采纳，更不准他随行记录史实，这是何等的羞辱和蔑视啊！想到这里，司马谈悲愤的心绪无法平息，心口一股血气往上直冲，后来就昏倒在地，一病不起。

汉武帝带领大队人马第二天就离开洛阳，继续往东行进了，留下司马谈孤零零地在洛阳的病榻上进退不得。他只希望儿子司马迁赶快回来，跟上皇上的队伍，那么他们父子俩至少有一人可以目睹"封禅"的仪式，并将它记录下来。

司马迁已经完成出使西南的任务，这个时候正急匆匆地往回赶，要向汉武帝报告出使的情形。他从驿站得知汉武帝要前往泰山，就北上直奔洛阳而去，那里是汉武帝的必经之地。可是没想到迟了一步，他到洛阳没有赶上汉武帝"封禅"的队伍，却发现父亲滞留在这里，没有随御驾东去，而且病势极重。

父子见面后，司马谈紧紧拉着司马迁的手说："你可回来了！唉，皇帝'封禅'本是在接续千年的道统，是何等庄严的事情！没想到现在竟沦为道士欺骗皇上的把戏。皇上不但不听我的劝告，而且下令禁止我同行，这真是要命呀！"

父亲无法阻止庄严的"封禅"被道士们利用，心中非常悲痛。司马迁十分理解父亲的心情，只觉得心中一股悲愤无从宣泄，他一句话也说不出来，只有陪着父亲落泪。

司马谈用黯然的目光看着司马迁，断断续续地说："子长，可记得我向你说过我们远祖的家世？"

司马迁点点头，希望奇迹出现，父亲能马上好起来。

"我就知道你不会忘记的。你现在做了郎中，得到皇上的重视，能够为国家做自己力所能及的事了。我死之后，朝廷或许会让你继任我的官职，那时你千万不要忘记我们史官的职责啊！"

司马迁沉痛地忍住泪水，说不出话来，只是用力点点头。他刚张口想说什么，却被父亲止住了："大丈夫为人处世，最要紧的是顶天立地，名垂后世，做父母的也能分享一点光彩。"司马谈长吁一口气，继续说下去："天下的人都称颂周公，说他能记述、颂扬周文王、周武王的贤德，宣扬、推广周公、召公的风化，实现周太王、王季的理想以及公刘的主张，使周室社稷受到尊崇。周幽王、周厉王残暴无道，王道亏缺，礼乐教化之事逐渐衰落。后来孔子修治、复兴了王道，并且编了《诗》《书》，著写了《春秋》，为历代人所借鉴，当今的学者还以此为准则。孔子死后，至鲁哀公猎获麒麟以来，已经有四百多年了！这四百年间，诸侯互相兼并，时局纷乱，社会动荡不安，历史的记载便从此中断了！如今汉朝兴盛，海内统一，明主贤君、忠臣义士，有多少该载入史册的人物啊！"

讲到激昂的地方，司马谈脸色惨白，咳嗽起来。司马迁担心地叫道："父亲，您休息一阵子再说吧！"

"不说恐怕来不及了……"司马谈苦笑着接下去说道："这四百年来，有多少人物应该记入史册啊！我作为太史令却没有尽到史官记录史实的责任，废弃了历史的事业，对此我于心不安，十分惶恐，你要记住这件事啊！"

说到这里，司马谈松开了紧抓着司马迁的手，掩面而泣。

"我恨老天不能多给我一点时间，让我把那些刚烈人物的言行一一记载下来。是我没有完成好自己的使命。我有何面目去见咱们先祖啊！子长，你想想，你想想啊……"

司马迁早已泣不成声，他含悲答应着："儿子我虽然愚笨，缺乏才能学识，但我一定会尽力把父亲您未竟的事业完成，不敢有一点缺漏。"

司马谈突然无力地垂下双手，两眼紧闭，一动不动了。

司马迁一惊，慌张地摇着父亲的手，叫道："父亲，您振作些，父亲……"

父亲不再应答他的呼唤，不再睁开眼睛慈爱地看他了。司马迁无法接受父亲突然去世，就此与他永别的事实。他悲痛地叫道："父亲！我会遵照您的意思，不管我能否担任太史令，我都会把您累积下来的资料，完完整整地记录下来。我答应您，父亲，您不要离我而去啊！"

司马谈就这样死在了"封禅"的路上，把自己的心愿和希望留给了儿子。

"父亲是真的走了！"想到此，司马迁感到一阵椎心的痛楚。司马迁抚在父亲的遗体上大哭起来，慈父的故去让他痛不欲生。慈父的音容笑貌、谆谆训导，从此只能出现在记忆中了！他司马迁从此是没了父亲的人了。儿时与父亲在夏阳耕牧，享受了父亲多少的疼爱啊；稍大后在父亲的督促下学习古文，父亲的严格要求他现在还记得清楚；到长安后师从孔安国、董仲舒，父亲的鼓励、教导给了他多少信心和勇气啊；大江南北漫游的时候，父亲的殷殷嘱托何尝不是常在耳边响起；出使蜀滇之前，父亲对他的衣食住行、对他此行的安危，关怀备至，叮嘱再三，给了他多少暖意！如今这一切都不在了！都不在了！这些都将永远成为记忆，也只能成为记忆了！遥想往事，想起父亲的生平为人，司马迁这个历经了多少艰难困苦和坎坷挫折都不掉眼泪的人，此时竟哭成了泪人，弄得邻居们心里都酸酸的，相识的、不相识的，纷纷过来劝慰司马迁。

过了一段时间，司马迁的心情才渐渐平复下来，他想起自己此次出使蜀滇还没去向汉武帝复命，因此不敢多耽搁。于是，司马迁妥善安排了父亲的后事，便匆匆赶往泰山去见汉武帝了。

## ▶ "封禅" 大典

司马迁带着一班人马追到河南境内的缑（gōu）氏，终于追上了皇帝的队伍。

司马迁立即向汉武帝报告了出使的经过，又把父亲在洛阳去世的消息做了报告。汉武帝对他出使西南出色地完成使命表示满意，让他暂且代行太史令的职务。司马迁意识到，父亲对汉武帝的为人和个性确实了解得很准确，自己或许会接替父亲的职务。这样也好，更加有利于自己完成父亲的遗命。

夏四月，汉武帝率众臣回到奉高（今山东泰安东北），准备正式举行"封禅"大礼。"封禅"礼仪是汉武帝早就亲自制定了的，但"封禅"典礼具体应当如何举行，众儒生和方士们又各抒己见，难以统一，又一次让汉武帝十分恼火。于是，他干脆又一次抛开儒生与方士们的意见，自己钦定具体的操作办法。

汉武帝首先到泰山南面的梁父山上，辟地祭地，举行了"禅"礼；然后到泰山东麓（lù），用祭祀太一（天帝）的形式，筑坛祭天，举行了"封"礼。"封""禅"仪式结束后，汉武帝觉得还不够尽兴，还没显示出泱泱大国的气概和他的无量功德，于是携了大将霍去病的儿子霍嬗前往泰山之巅，举行第二次"封"礼。这次仪式的整个过程是非常隐秘的，司马迁作为汉武帝的亲随，也未能得以亲眼一见。汉武帝带着霍嬗在泰山顶上待到第二天才下山，随后又到泰山东北方向的小山肃然山上，参照祭祀后土的仪式，举行了第二次"禅"礼。"封禅"仪式到此才算告一段落。

古代皇帝举行重大祭典活动时，总是担心天公不作美，如果天不遂人意，皇帝就会有德行修养不够的嫌疑。当年秦始皇在泰山封禅的时候，遇到了暴风雨，仪式不得不草草了事，儒生、博士们在背后都讥笑他不配举行这种封禅大典。汉武帝此次封禅，风和日丽，让他很是得意："我的德行无量啊！否则上天怎么会这么助我呢？我的功绩盖天啊！否则怎么连统一了六国的秦始皇都比不过我呢？"群臣对他的赞誉之声更是不绝于耳。

　　封禅结束后，汉武帝在泰山脚下的明堂接受了群臣朝贺，并因首次封禅而改年号元鼎为元封。他诏告说："我以微小的身位居于至尊，小心谨慎唯恐不能当此重任，自己德薄，又不熟悉礼乐，当我以礼祭祀太一神后，昼夜间有光芒四照之景，如此异常之象，我感到恐惧，于是登封泰山，又禅梁父，次禅肃然山，先自革新，愿与大臣们重新开始。"然后，汉武帝广赐牛羊酒布等，又免奉高、历城等地年租，大赦天下，还诏许凡天子车驾所经之处，免除一切劳役。

　　汉武帝封禅后广施仁德，俨然盛世天子。他随后下令，在泰山脚下为诸侯修建官邸，以备他们随驾迎驾封禅泰山之朝宿，泰山附近因此宫殿馆舍群起，常年有达官要人往来住宿，逐渐繁荣起来。

　　汉武帝为泰山封禅，令群臣考证古制、演练仪式、建造官邸、修筑明堂，可谓兴师动众。但他意犹未尽，第二年再次来到泰山封禅。此后，他又六次驾临泰山封禅，分别是元封五年（公元前106年）、太初元年（公元前104年）、太初三年（公元前102年）、天汉三年（公元前98年）、太始四年（公元前93年）和征和四年（公元前89年）。从记载来看，汉武帝封禅泰山平均不到三年就有一次，频繁程度大大超出"古者天子五年一巡狩，用事泰山"的古制，他的"良苦用心"可见一斑。

## ▶ 修改历法

元封三年（公元前108年），即司马谈逝世后的第三年，果真如司马谈所言，汉武帝正式任命三十七岁的司马迁继任了太史令，这也实现了他父亲生前的愿望。

在整理父亲遗留资料的过程中，司马迁发现父亲对星历的研究非常透彻，认为当时所使用的历法和天体运行无法配合。

历法是推算年、月、日的时间长度和它们之间的关系，制定时令序列的法则。一般地说，月、日的长短依天象来定。年的月数和日数，有依天象来定的，也有人为规定的。

当时的历法，以冬季十月为每年的正月。自周秦以来，这种叫作《颛顼（zhuānxū）历》的历法已经被人们习惯。

这种历算把每年十月作为一年的开始。它有一个明显不足，就是每月的初一、十五总是不能跟月亮的运动完全合拍。这样，用它来计算农时很不方便，而且对历史的记载，对历史事件时间的考察，也带来了很大不便。但是，这种历法却得到了皇帝的认可，认为它是符合"五德终始"之学的。

"五德"，指的是木、火、土、金、水五种物质力量。"五德终始"学说是由战国年间齐人邹衍提倡的。这种学说试图说明：历史上的改朝换代这一不断重复的现象，是由客观世界的木、火、土、金、水五种物质力量有规律地前后替代而决定的。谁要是得了"五德"中的一德，谁就是受命天子，而成为一个朝代的统治者。

另外，"五德终始"学说还认为，这五种力量是由上天控制的，非人力所能掌握。受命的验证，"五德"就是那些显示上天的意志而出现的各式各样的"符瑞"。为了与"五德"相呼应，各个朝代要采取不同的制度。这一学派的学者这样解释，最早黄帝得土德，后来夏朝得木德，商朝得金德，周朝得火德。

秦始皇统一天下以后，认为既然周朝得火德，秦朝代替了周朝，得到的自然是水德。于是他采取了一套与水德相呼应的制度：以十月朔为一年的开始，衣服、旌旗、旄节等都用黑色。

汉朝得到天下之后，本应该重新改制的。可是"汉王朝得的是什么德"却成了问题，汉初数十年中没有一个权威的论断。高皇帝认为自己直接替代了周朝而不是秦始皇那个王朝替代了周朝，因此，他自以为汉朝得水德，一切制度当然和秦一样无须更改，并以青年时斩蛇一事来作为依据。

据说汉高祖刘邦当年在沛县时，一次酒后见一大蛇挡道，随后将它斩杀了。后来遇到一位哭泣的老妇人，刘邦问她为何啼哭，老妇人哭道："有人杀了我的孩子啊！"刘邦趁着酒兴，拍着胸脯说："谁杀的？我去给你报仇！"老妇人摇摇头："你替我报不了仇。我的孩子是白帝子，今天变成了蛇，躺在路上，被赤帝子杀了，此仇无法报啊，所以我只有哭泣。"刘邦一听，暗吃一惊，将这件事记在了心里。汉兴秦亡后，刘邦想，白帝子赤帝子想必都是可以变化成蛇的，既然如此，汉朝与秦朝同兴一德又有什么不对呢？加之汉朝初立，许多事情需要处理，汉初基本上就承袭了秦朝有关水德的说法。

汉文帝即位之初，大夫贾谊认为，汉兴二十余年，应改制度。他按照土德的体系，提出一套改制方案来。但是当时贾谊还年轻，在朝中的地位也不稳，所以不久就遭到了元老们排挤，被流放到长沙去了，他的改制计划当然也随之流产了。后来鲁人公孙臣上书，也以为秦得水德，汉当得土德，主张汉应按土德改制。但当时丞相张苍坚持汉仍是水德，公孙臣的建议同样遭到反对而没有实施起来。

过了一年，据说黄龙出现于成纪（今甘肃秦安北），于是汉文帝确信汉为土德，召公孙臣为博士，并命公孙臣草拟改制计划。不过后来汉文帝自己并没有施行。

司马迁花了三四年的工夫，终于把有关星历的知识弄清楚了。他根据自己掌握的星历知识，跟当时的一些星历专家一起进行了探讨。最后认为，当时所使用的历法是不科学的。于是他们决定向汉武帝建议，更改历法。

司马迁认为，当今圣上具有雄才大略，更新历法正如平定四方一样，也是一件大事情。以前汉武帝军务繁忙，根本无暇顾及改制之事，于是，才成为今天这个样子。如今天下已定，圣上雄心勃勃，前几年又在泰山举行了天子的"封禅"典礼，那么改革历法应当是顺理成章的。他认为，改历对于政治、经济和人民的生活都是一件有益的事情，只要积极争取，陈述道理，一定能得到皇上的重视和支持。

就像事先预想到的那样，修改历法的建议得到了朝中一些保守大臣的反对。但博士公孙臣，太中大夫公孙卿、壶遂等人极力支持改历。

汉武帝经过一番考虑，下令由太史令司马迁、太中大夫壶遂等负责修改历法。壶遂是司马迁做郎中时的同事和好朋友，素来爱好钻研天文历法。这次共事，他们感到很高兴。

司马迁和壶遂率领二十多位著名的星学专家，对历法进行了一番研究，制定了一部新的历法，称为《太初历》。也就是这部《太初历》，影响了中国人时间观念长达两千年之久，而且现在还在沿用。

《太初历》依据天象定月、日，以正月为一年的开始，并且实行了闰年，使历法与四季相适应，更方便地配合了农业生产。它被称为阴历，即夏历。

其实，司马迁修改历法，还有另外一种想法，那就是想效仿昔日鲁国的孔子。孔子当年有个理想，就是要行夏之时。那时孔子向自己的学生传习《夏小正》这种历法，可惜没有实施，而如今，新历法贯彻行夏之时，以正月为岁首。这样来调整历法结构，这是对孔子以来"行夏之时"理想的实现。对于这一点，司马迁牢记在心里，作为自己对先哲的一种慰藉。

汉武帝看了《太初历》之后，连声叫好，准备采纳施行。

但想不到的是，朝廷中那些反对改历的人抓到了《太初历》的一处"破绽"：改十月为正月，做一年的头一个月，不符合"五德终始"之说。他们认为这是冒犯天规的危险之举，说不定将带来祸害，因此万万不可颁行。

司马迁是有备而来的。对这个问题，司马迁早就考虑过了。面对保守派的攻击，司马迁禀告武帝："《太初历》虽然与周代以来的'五德终始'之说不相符合，但它恰恰切合先帝所传的'三统'之说。按照董仲舒先生的说法，夏朝以寅月为正月，以黑色为上色；商朝以农历十二月为正月，以白色为上色；周朝以农历十一月为正月，以赤色为上色。黑、白、赤三色交替，周而复始，改朝换代。秦朝立国，采用黑色为上色。先帝认为，汉人舍弃秦朝而建汉朝，是汉朝直接继承了周朝，因此定黑色为上色，以十月为正月，是十分正常的。"

原来《太初历》是有章可循的，汉武帝听了司马迁的陈述，龙颜大悦，当即下令颁行，朝中的那些反对派也都不好再反驳。

汉武帝还把颁行《太初历》这一年改元为太初元年（公元前104年）。

《太初历》对以农业为主的中国来说，是巨大的贡献。它也是我国保存下来的第一部完整的古代历法，是巨大的科学成就。

### 名人名言·爱心

1. 几十年的经验使我懂得，多想到别人，少想到自己，便可以少犯错误。

   ——巴金

2. 爱是美德的种子。

   ——［意大利］但丁

3. 爱是理解的别名。

   ——［印度］泰戈尔

4. 人生是花，而爱是花蜜。

   ——［法］雨果

5. 爱是生命的火焰，没有它，一切变成黑夜。

   ——［法］罗曼·罗兰

6. 慈悲不是出于勉强，它是像甘露一样从天上降下尘世；它不但给幸福于受施的人，也同样给幸福于施与的人。

   ——［英］莎士比亚

7. 不是槌的打击，而是水的载歌载舞，使卵石臻于完美。

   ——［印度］泰戈尔

8. 对于我来说，生命的意义在于设身处地替人着想，忧他人之忧，乐他人之乐。

   ——［美］爱因斯坦

9. 爱之花开放的地方，生命便能欣欣向荣。

   ——［荷兰］梵高

# 第六章

## Sima Qian

### 撰写《史记》

史家之绝唱，无韵之离骚。

——鲁　迅

司马迁传

## ▶ 真实记录

史官负责记录朝中大臣和皇帝的言行，具有监督至高无上的皇帝谨言慎行的作用，促使最高统治者约束自己，善待人民。因此，史官也具有很高的地位。不论是朝中大臣还是诸侯天子，对史官都是尊敬有加的。上古的人甚至把史官称为"天官"。

写文章不可能不表达作者自己的思想感情和价值判断，司马迁对这个问题进行了深入思考。要做到客观公正地评价历史人物和历史事件，首先要掌握翔实、全面、符合历史真相的材料，然后再对材料进行严肃认真的分析。这样表达出来的评价和判断，才经得起历史的检验。

立场不同，对一个人、一件事的看法也不同。例如下了一场大雪，王公贵族就会认为很有趣，可以赏雪，但穷苦的老百姓却不这么认为，因为他们没有御寒的衣服，甚至没有可以避风的茅屋，下雪不是把他们冻得无处可逃吗？分析一个人物或一件历史事件，应该站在什么样的立场，怀着一种什么样的感情呢？有些人是从皇权中心出发来评价一切的，只要能让皇上高兴，甚至把好人说成坏人，把对百姓的犯罪说成是伟大功绩。

司马迁认为，史官应有公正之心，要对历史负责，要有独立的人格和独立思考的能力，不能只当帝王的应声虫，还要注意从历史发展和人民的立场上看问题、作判断。

经过一番思考，他确定了写作史书的心态和方法，心中充满了正义感和使命感，同时也充满了写好这本书的信心。

既然要对历史负责，就要站在人民和历史的立场上来写史，要表达自己的独立思考和判断，那么，每篇文章都要写得严谨，每个细节都要核实。做到言之有据，不能给那些钻营投机的小人留下任何把柄。

最先知道司马迁要写一部史书的人，是好友壶遂和任安。

有一次，他们一块儿到司马迁家探访，看到司马迁在伏案写作，房里摆满了竹简。仔细一看，却发现司马迁在为项羽写本纪，与汉高祖并列写进了帝王的行列。

项羽曾经与汉高祖刘邦纷争天下，但最后兵败，无奈自杀了。在汉朝皇室的眼中，他是曾经的仇敌，或者是一个败寇，怎么能与自己至高无上的先帝平起平坐呢？

壶遂当然明白这一点，他沉思了半响，对司马迁说："你为项羽写了一篇本纪，这似乎有些不妥吧？"

司马迁却说："项羽虽未成为帝王，实际上却也具有帝王般的不朽过往。我这样写，是为了表示出对他的崇敬之情。"司马迁说着，脑海中浮现出当年游历时听说过的项羽的英勇故事。

"史书可不是这么好写的！"壶遂皱起了眉头，"千年的历史，谁对谁错？'成者王侯败者寇'。你这样写，牵涉到当朝的政治大事，弄不好会大祸临头的。"

任安也劝他说："你何必辛辛苦苦做这么一件冒风险的事呢？"

司马迁耐心地向好友讲了先父的遗命，讲了自己身为太史令的使命，还说自己要仿效孔子写《春秋》的遗风，不让历史的册书上留下空白。

"你想一想，孔子为什么要写《春秋》。"任安说。

"周朝时期，王道衰废，风气败坏，孔子著《春秋》，以明王道，辨是非，目的是为后人提供借鉴。"司马迁说，"我知道你们是在善意地提醒我，不要遭了小人的逸言诽谤。你们的提醒确实是有道理的，可当前社会与孔子时代不一样，写史书也不仅仅有述史讽时的作用，还有另外一种情况，那就是盛世修史也有先例，比如伏羲（xī）作《易》，《尚书》产生在尧舜之时。想到先父的遗命，想到作为太史令的职责，即使有小人诬陷，招来杀身之祸，我也不敢明哲保身，搁下这件事不做。"

壶遂和任安点点头，又摇了摇头，不知说什么好。

他们理解司马迁写史书的用意，钦佩他的毅力和才学，又隐隐地为他担忧。

此后，司马迁钻进史料堆里，不辞辛苦，不带成见，做着认真考察、核实求真的工作。比如写一场战争，如决定项羽命运的垓下之围，他不仅翻阅前人的所有文字记录，查阅地图，而且还回顾自己当年实地考察时看到的地形，力求写得符合历史真实。写到"鸿门宴"时，对项羽、刘邦、范增等每个人座位的叙述都谨慎做到准确无误。

这是一件需要付出艰辛劳动的工作，也是一项需要非凡的勇气和坚定求实精神的事业。司马迁以惊人的毅力和卓越的见识，逐渐进入了一个伟大历史学家的境界。

让他更为难的是对于当代历史的表述。李广被逼自杀的事件该如何记录？汉武帝好大喜功，连年征战，还热衷于求神问仙，梦想长生不老，这些内容该如何记录？

司马迁记起在听到李广自杀的消息后，曾经和父亲进行过一番谈话，父亲讲过照实记录，留给后人真实的历史。历史本身确实是会说话的！有了这种从容不迫的心态，他写出了《景帝本纪》，记述汉武帝父亲的事情。

这些文章表现出来的求实精神、科学态度和历史眼光，得到了后代学者的高度评价。班固在《汉书·司马迁传》里说，司马迁"善序事理，辨而不华，质而不俚，其文直，其事核，不虚美，不隐恶，故谓之实录"。

明末清初的大学者顾炎武也从另一个角度高度称赞了司马迁

的卓越工作。他在《日知录》卷二十六写道："秦楚之际，兵所出入之途，曲折变化，唯太史公序之如指掌……一言之下，而形势了然……盖自古史书兵事地形之详，未有过此者。太史公胸中固有一天下大势，非后代书生之所能及也。"

## ▶ 埋下隐患

很多时候，说真话是会得罪一些人的。司马迁也是这样，他真实地记录历史，写作《史记》，肯定也会让一些人不高兴。果然不久，祸端就来了。

由于司马迁沉浸在《史记》的写作之中，每天下朝之后，总是匆匆离去，很少与人应酬，甚至很少与人交谈，这就引起了汉武帝的怀疑。

一天，武帝问司马迁的朋友壶遂："太史令最近在忙什么呢？怎么每天见他都来去匆匆？"

壶遂心中一惊，但只得如实禀告："启禀皇上，太史令正忙着写一部史书。"

"哦？写史书？写得怎么样了？朕想看看。"以前史官写书都是有皇帝指令的，司马迁自己写起史书来，这让汉武帝有点吃惊。

"太史令的意思，是要等全书写好了，才公之于世。"壶遂小心地答道。

"哦，是这样啊！"汉武帝轻描淡写地说。

壶遂退了出来，只感到心在胸腔里怦怦直跳。

皇上的占有欲都是很强的，加上汉武帝本是个好奇多疑的人，他怎么能容忍自己的史官在自己的眼皮子底下偷偷摸摸地写书而自己一无所知呢？虽然他表面轻描淡写不露声色，实际上已经决定把这件事弄清楚了。这也是古代皇帝常用的手段，表面上无所谓，不在乎，其实暗地里已经下定决心，采取行动了。

过了不久，汉武帝派了一个心腹悄悄地潜入司马迁的书房，搬出几卷竹简，偷偷地抄录下来，然后又放了回去。

司马迁当然不知道他的文章已经被送到皇上那里去了，每天还是按部就班地上朝下朝，记录百官言行，写作《史记》。

汉武帝一一翻阅着那些送来的文章，其中就有《武帝本纪》《景帝本纪》。开始的时候，他满意地边读边赞赏，感到司马迁文笔生动，真是好文章。但慢慢地，他的眉头就皱起来了，并且越皱越紧。后来竟然生气地把书狠狠地摔在地上。旁边的太监小心翼翼地看着，不明就里。

因为汉武帝看到，司马迁记录汉景帝的文章里并不是什么歌功颂德，而是无论好坏都写进去了，这让汉武帝感到非常生气。汉武帝本来就好大喜功，加上这几年通过加强中央集权，平定匈奴、南越，四处封禅等手段，在政治、军事、经济各个方面都取得了极大的成功，使西汉王朝的统治达到了巅峰时期，他心中更是充满了自豪感，认为自己功盖三皇，德比五帝（三皇指中国上古时期的三位帝王，即伏羲、神农、黄帝。民间也有传说三皇为天皇、地皇、人皇。天皇人首蛇身，即伏羲；地皇人首蛇身，即女娲；人皇牛首人身，即神农。五帝通常指黄帝、颛顼、帝喾（kù）、唐尧、虞舜）。汉武帝认为，做臣子的当然得齐声赞颂他的丰功伟绩，皇恩浩荡。司马迁，小小的一个史官，竟然敢冒天下之大不韪（wěi）！汉武帝心中充满了怒火，恨得咬牙切齿。

"你以后给我密切注意司马迁的一举一动，发现异常，随时向我汇报！"汉武帝命令心腹说。

可司马迁呢？他对自己已经成为汉武帝的监视对象一点也不知道，依然写自己的文章。汉武帝出行时他也跟着去，还借着随行的机会去考察史迹，去访问地方遗老。

### ▶ 大宛夺马

汉武帝统治天下以来，汉朝变得日益强大起来。对外的策略上，在西北边境，汉武帝重用卫青、霍去病两位将军，把匈奴赶得远远的；在西南边境，汉武帝相继派遣司马相如、司马迁出使安抚，使动荡的西南小国纷纷归附大汉王朝。对国内的措施上，大力推行恢复经济的计划，鼓励社会生产，因而出现了百姓富足、国家强盛的大好局面。

雄心勃勃而又好大喜功的汉武帝，看着汉朝过了几年太平日子，又想发动对外战争，开疆拓土，扩大版图。

这时霍去病已故去了十多年，协助武帝以严刑酷法控制百姓的张汤也离世将近十年，卫青也死了。汉武帝觉得朝廷中出现了人才凋零的危机，便渴望有新的人才涌现出来辅助他，使国家继续保持繁荣昌盛。

汉武帝看中的"人才"便是李广利。李广利，何许人也？他是李夫人和李延年的哥哥。李夫人是汉朝有名的舞伎，李延年则是一个宫廷音乐家，他们凭靠歌舞得到汉武帝赏识。

李广利本来跟皇宫是没有任何关系的。但那时，有些大臣为了讨汉武帝欢心，向汉武帝推荐李夫人，说她舞跳得好，人长得漂亮。汉武帝听得心动，就设法把她弄到宫里来了。

李夫人进宫以后，凭着舞姿和年轻美貌，很快赢得了汉武帝的宠爱和欢心。李夫人的弟弟李延年随后也来到了宫里，成为汉武帝的宠臣，甚至到了同窗而眠的恩宠。既然姐弟两人都得到汉武帝非正常的信任，作为哥哥的李广利进宫并得到皇帝赏识便是

*83*

顺理成章的事。

汉武帝在声乐和女色的双重诱惑之下，毫无理性地重用李广利，把他视为大汉的人才，为他加官晋爵，甚至想给他封侯。但汉朝开国之初，马上得天下的高祖刘邦曾立下一条规矩："没有伟大的战功，不可以封侯。"为了给李广利封侯的机会，汉武帝就硬把没有任何军事才能的李广利捧出来"登台拜将"，领兵作战，希望李广利能借着优势的兵力，轻松地立下战功，顺理成章地封侯。

在我国古代，传统战术以战车与步兵为主，而匈奴则以骑兵为作战主力。战车的机动性显然不及骑兵。以雄才大略著称的汉武帝当政之后，为了对付匈奴，大力推行养马政策。后来听说大宛盛产骏马，就派了一批人带了黄金，去向大宛索购马匹。大宛的国王仗恃着汉朝和大宛的距离遥远，一口回绝了，并且把使者杀了。

好战的汉武帝正愁找不到借口兴兵作战，好让李广利立功。这正是个好机会，于是断然派李广利出兵了。由于大宛的好马都集中在贰师城，汉武帝就封他为"贰师将军"，去大宛抢马。汉武帝也明白李广利能力有限，所以尽量多派兵将随他出征。

太初元年（公元前104年），李广利率领着好几万的兵卒出发了。

李广利大权在握，却不善于带兵。出征途中，由于军纪不严，加上他的态度傲慢，根本得不到沿途小国的支持，都不肯送粮食给他们。他们一路打打抢抢，损失了大半的兵力。

到了大宛东边的一座小城，李广利统领的好几万人的部队，只剩下数千人，已经没有什么战斗力。

李广利心里急了。他想，自己连座小城都打不下来，怎么去打人家的京城？他无计可施，就想保住性命要紧，于是掉头逃回敦煌。这时他的大军只剩十分之一的人马。

人困马乏的李广利派人回到京城，向汉武帝请求休兵。汉武帝听了，气得暴跳如雷，派使者前往玉门（在今敦煌和酒泉之间）拦住了李广利那批正想回京的散兵。

使者宣召说："皇上要你们驻扎在敦煌，要是有人敢再往后退，立刻斩首！"

李广利哪见过这阵势，吓得魂飞魄散，立刻缩回敦煌待命。

这一去一回间，李广利已经耗费了一年时间，不仅没有一点战功，而且白白损失了大批的兵力。大臣们对李广利早就失去信心，就委婉地劝汉武帝休兵罢战。汉武帝哪里听得进去，随即调拨给李广利六万兵卒、十万头牛、三万匹马，其他的驴、骆驼等也都数以万计。这还不够，为了使李广利此行没有后顾之忧，又调集了十八万人到酒泉，作为后卫。

汉武帝为了让李广利立功，不惜任何代价。

有了新的补给，"贰师将军"李广利又意气风发地率领大军，杀向了大宛。这次行动花了两年多时间，直到太初四年（公元前101年）才结束。

李广利凭着兵多，打败了大宛国，终于"凯旋"。他带回来的战利品，只是好马六十匹，普通马三千多匹。

司马迁一直观注着朝廷出兵这一重大事件，他觉得汉武帝这么做，过于得不偿失了，损耗了国家的财力和军队的实力。为了夺马，带出去六万兵力，回来只剩一万人，这种"战果"真让人失望。汉武帝非但不惩办李广利的失职，还诏告天下，夸大这场战争的"丰功伟绩"，封他为"海西侯"，赐食邑八千户。

司马迁彻底地对汉武帝失望了，他感到，继卫青、霍去病之后，外戚专权再次重演，若继续宠任李广利这种"人才"，国运能否保持强盛，实在令人忧虑。

## ▶ 祸起李陵

在汉武帝天汉二年，也就是公元前99年，此时司马迁四十六岁。因为上次匈奴拒绝送马的事情，让汉武帝很是生气，与匈奴的关系又紧张起来，汉朝与匈奴之间的战争警报重新拉响。然而，就是这次与匈奴开战，引发了后来司马迁命运的转变。那么在与匈奴的作战中，到底是什么事件改变了司马迁的命运轨迹呢？

李陵的父亲李当户，是"飞将军"李广的长子。也就是说，李陵是李广的孙子。

李陵比司马迁小十一岁，他当郎官的时候，擅长骑马射箭，与同僚和睦，对身份低下的人也谦虚有礼，人缘极好。汉武帝大概是自觉愧对李陵的先人，又认为他有"飞将军"李广的风范，就命他率领八千骑兵，深入匈奴两千里。虽然没有和匈奴作战，却带回了沿途的地形资料。汉武帝高兴地封他为"骑都尉"，让他带五千士兵，在酒泉、张掖教士卒骑马射箭，防范匈奴南下。

李广利"凯旋"的这年，匈奴单于过世了，新单于刚上任，汉武帝就想以破大宛的余威，再次发动对匈奴的战争。

新单于认为一上任就打仗不太好，于是派人向汉朝求和，表示想交换汉匈双方的人质。

公元前100年，汉武帝派苏武带着被拘留在汉朝的匈奴使者，到匈奴交换被拘留在当地的汉使，还带了大批礼物。匈奴一见汉朝这么客气，反而傲慢起来，以为汉朝惧怕他们。匈奴蛮横地把苏武押送到北海（今俄罗斯境内的贝加尔湖）一带去放羊，汉朝与匈奴的和谈就此破裂了。

天汉二年（公元前99年）秋天，匈奴发动了对汉朝的进攻，汉武帝就任命他的宠妃李夫人的哥哥——李广利为主帅去抗击匈奴。当然，汉武帝的目的还是想让李广利借着军功出名。同时，为了保证李广利打仗顺利，汉武帝让当时的名将李陵去为李广利"将辎重"，实际就是搞后勤保障。但是李陵不愿意，他认为自己作为一个将军，一代名将之后，去为一个不懂军事的人搞军事后勤，是对自己莫大的辱没。

李陵公开提出来，他愿意带他的五千步兵单独出征，横扫匈奴。这让汉武帝心里很不满，觉得李陵太不给面子。所以就说："你此行任务重大，可是朕没有多余的骑兵派给你。"言外之意是，你要出征就带你的五千步兵出征。但当时与匈奴作战，非得以骑兵出击，行动迅速飘忽，才有胜算。

但李陵没有明白汉武帝的心思，他见皇上同意了，欣喜万分，就信心百倍地向汉武帝下了保证。

就这样，李陵带着他的五千步兵出征了。这五千步兵，都是训练有素，平日跟随李陵身经百战的荆楚壮士，骁勇无比。到前线以后，跟匈奴交战，连连获胜，消灭了几倍于他的敌人。使者回来向汉武帝报告了进军顺利的情况，汉武帝也很高兴。

看着汉武帝高兴，周围大臣都纷纷祝贺汉武帝："恭喜陛下得此良将，李陵不愧是名将之后！"

但是后来的情况就发生了急剧的变化，因为李陵的五千步兵遇见了匈奴大单于带领的三万匈奴主力。李陵确实善于带兵，他的五千步兵很快杀死了大单于几千人。大单于兵力虽然是六倍于李陵，但是占不到便宜，所以心里过不去。紧急之下，他又从左右贤王那里调来了八万军队，再加上他自己的军队将近十一万骑兵，来对付李陵的五千步兵。

李陵在这种情况下是且战且退，而且是越战越勇，最后打到匈奴的大单于都觉得这场仗打不下去，而准备撤兵了。但是就在这个时候，发生了一件意外的事件。李陵有一个部下，受了他上级的侮辱，一怒之下去投靠了匈奴的单于，然后，就泄露了两个重要的绝密军情。第一，李陵没有后援部队，你可以放心地打。第二，李陵的这个步兵之所以能够打，主要依靠的是他有一种可以连发连射的弓箭，叫弩机。它就是一种弓箭的升级改造版本，用机器发射，可以连发连射的，可是他弩机的箭快要用完了。

听了这样的情报，匈奴的单于就觉得有希望了，也不撤兵了，然后集中他的军队对李陵发动了总攻。李陵他们被困在山谷里，匈奴在山上居高临下，从四面八方向他们射箭。李陵率兵士一面抵挡如雨的飞箭，一面向南突围，五十万支箭很快用光了，剩下的三千士兵弃了军车，砍下车辐当作武器，军官们用短刀与敌军搏斗，他们走进了峡谷。单于率兵赶来，封住了峡谷的出路，并且命令士兵借着山体的掩护向谷中投大石头，李陵军躲闪不及，死伤惨重，无法继续与众多的匈奴兵力抗衡了。这天黄昏，李陵脱下戎装，换上便衣独自走出营寨，他要凭自己一个人的力量去取单于的首级。过了许久李陵都还没有回来，将士们忐忑不安地等待着、猜测着，十分担心他的安危。

终于，他回来了，手中空空，满脸悲愤之色。"败了，失败了！该死啊！"他长叹一声，望着面前随他出生入死的将士们，他觉得心里有愧。可是局势已经发展到了这个地步，他李陵已经无法挽回了。其实，这能怪他无能，能怪他没有尽力吗？以五千兵力，与十一万敌军抗衡，前有强敌，

李陵

后无援军，五千将士孤军奋战，杀敌无数已经耗尽了所有的气力。可是朝廷呢？竟然对他们的生死不闻不问，此地距汉朝的边境不过一百来里了，李陵军死战峡谷的消息早传到了汉廷，可是汉武帝竟没有派一兵一卒去支援他们。面对惨局，李陵满心悲愤，一名军吏劝他投降，说："将军您威震匈奴，此次战败是上天的安排，不如暂时投降，以后总有机会回去的。当年浞野侯赵破奴被敌人俘虏，后来逃了回去，天子不也是对他很好吗？"李陵冲他一瞪眼，喝道："你劝我投降，苟且余生，难道配称'壮士'吗？"于是折断了所有的旌旗，将贵重物品埋在地下，叹道："如果再有几十支箭，我们就可以突围了，现在连作战的东西都没有了，等到天亮，恐怕只能束手受缚了！与其大家同归于尽，不如各自散开了去，有能够逃出去的，就回去向天子复命吧！"说罢，分给将士每人二升干粮，一片冰，准备突围，能突围到居延城的，就等着集合。到了夜半时分，李陵和他的副手上了马，向峡谷的出口冲去，后面仅仅有十多个跟随者，敌军却有数千人追了上来，一番殊死搏斗之后，他的副手战死了，李陵自叹无颜再见天子，遂下马投降了。

　　李陵兵败投降的消息传到汉武帝耳中时，汉武帝很震怒地说道："这一战挫败了我大汉王朝的军威，辱没了我大汉的国威。"而这些朝廷大臣们，看着汉武帝生气，于是又转过来纷纷咒骂李陵，说李陵本来就不是个好人。

　　这个转变，让司马迁感叹：官场真是残酷，毫无公道可言。

　　他想，当初汉武帝不肯给李陵足够的兵力，李陵不在意，只以五千步兵就孤军深入对抗匈奴主力，并接连打了这么多胜仗。

　　虽然他在久等不到后援的情况下含恨投降，但总算保全了四百个部下得以逃生。算算李陵以五千步兵，面对超过他二十倍的匈奴，还能歼灭将近两万的敌人，这等战果，比起这场战争的主力——李广利，他以三万兵力，只杀敌一万，不知要超出多少？

何况李广利被匈奴截杀，最后突围出来，还损失了一万八千多个士兵！

司马迁觉得李陵虽败犹荣，李广利虽胜犹败。

让司马迁更寒心的是那些身负国家重任的大臣，对李陵失败的原因和李陵的战功，他们应该看得比自己清楚，可他们却只会投汉武帝所好，在李陵失利的时候，落井下石，无中生有地辱骂他。

## ▶ 辩护获罪

次日早朝，汉武帝把前方传来的情报公布于众，接着对文武群臣愤然说道："众卿家，你们倒是说说，这李陵，朕对他不薄，给他升官，给他立功的机会，可到头来，他竟然投降敌人了！你们说说，这件事，该怎么处理啊？"其实这时候汉武帝心里已经想好了处理李陵的办法了。

大殿之下一阵骚动过后，便是无言的沉默。

其实，大家心里都明白：李陵只有区区五千步兵，孤军深入敌后，行程超过李广利，而且后方没有任何兵力支援。在这种情况下，他几乎牵制了匈奴单于的全部军事力量，斩杀的敌军数目远远超过自己的部队。跟李广利所率军队相比，李陵一众的战功要远远大于李广利。李陵身陷绝境被俘，为什么要投降？是不是有别的原因和打算，现在根本没有搞清楚……

可是，大家也都明白，官场多艰！李陵当日请缨出战，不肯作贰师将军李广利的后队，便已违抗圣命。现在李陵已背汉降胡，惹怒圣颜，如此一来，谁还敢替李陵说话？

短暂的沉默之后，那些见风使舵的大臣已经做出了一番权衡，有了回答的思路。于是，他们争先恐后地表达意见。

"启奏陛下，臣以为骑都尉李陵有负圣上所望，陛下准他率五千步卒征讨单于，他擅自改变圣上旨意，不在浚稽山等候大军，却自恃其强，与单于作战，到后来又投降单于，白白损失了陛下四千多汉家子弟，罪不容赦！"

"陛下，当初李陵在朝廷内，信誓旦旦，而今失节投降，做了单于的臣子，他这是欺蒙圣上，请陛下圣裁！"

"陛下，李陵居然向匈奴投降，千万不可纵容……"

"李陵战败投降，如果不灭他九族，实难顺乎天理……"

"陛下，李陵应全家抄斩，不可留下一人……"

群臣叽叽喳喳，你一言我一语，只是没有一个人替李陵说话，都是落井下石。汉武帝频频点头，他的目光在众臣脸上扫过，对他们的表态感到满意。这时忽见殿角还有一人，低头侍立，对李陵之事不置一词，仿佛心事重重的样子。那个人便是太史令司马迁。

汉武帝看着默然不语的司马迁，缓缓地说："太史令司马迁，你对李陵投降的事件怎么看？朕想听听你的意见。"

司马迁上前两步，恭敬地说："陛下，微臣对李陵之事有些疑虑，不知当讲不当讲。"

殿堂之上，君臣们听了这句话，心中起了波澜，有的还互相交换眼色。群臣中的壶遂心里有些暗暗着急，怪司马迁不该多嘴，担心他说出不妥当的话来。

汉武帝不动声色地说："你不妨讲出来，让朕听听。"

司马迁朗声奏道："陛下，李陵带去的步兵不满五千，他深入到敌人的腹地，狠狠打击了几万敌人。他虽然打了败仗，可是杀了这么多的敌人，也可以向天下人交代了。李陵不肯马上去死，定有他的主意。他一定还想将功赎罪来报答皇上。"

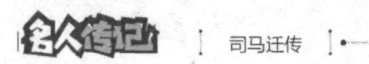

汉武帝不出声，脸色却沉了下来。

群臣见了，有人为司马迁捏了把汗，有人露出轻蔑的表情，认为一个无关紧要的太史令，有什么资格提出与满朝文武大相径庭的意见。

司马迁也感觉到了危险在向他逼近，可是他认为，如果天底下的人都在撒谎，这时候史官决不能撒谎！

见皇上不语，司马迁继续陈述起来。

"陛下，臣和李将军的关系不深，只是平时见面打个招呼，但臣认为以他平时的为人，不一定是真投降，可能是留着有用之躯，等待时机，再想办法将功赎罪，报效朝廷。'留得青山在，不怕没柴烧'嘛。臣之所以这么说，原因有三：第一，一国之中最优秀的人才称之为国士，李陵是个国士，他一心一意想的就是报效国家；第二，李陵以五千步兵，在外无援军的情况下，坚持和匈奴单于打了十几天仗，杀的敌人远远超过了他五千步兵的人数，他立下的功劳也足以告慰天下，没有必要投降；第三，李陵懂得战术，他肯定是将计就计，等待机会，报效朝廷。"

本来司马迁说这几句话，是想宽汉武帝的心，同时也为李陵做一点开脱，但是他万万没有想到，他的这些话刚刚落地，反对的声音纷起了："太史令对李都尉未免太过誉了吧？所谓'外无援军'是什么意思？莫非指贰师将军未去增援？"

"是啊，都投降了，还有什么好说的，莫不是在包庇他，为他开脱？"

司马迁一听，感到十分愤然。他刚才的话只是陈述实情，没有一点影射别人的意思。他无限感慨地说："李陵获胜之际，人人奉承；一旦兵败，马上唾（tuò）之不及。不是我替李陵讲话，我只是想，毁誉何其太急！"

司马迁这话本是冲着那些投机的大臣说的。可汉武帝想：当日李陵传来捷报，不是自己赐群臣御酒的吗？这司马迁怎么胆敢挖苦朕？

汉武帝顿时龙颜大怒："大胆！李陵已经叛汉投敌，你竟敢为叛贼说情！"

司马迁吃了一惊，赶紧跪下说："陛下，臣与李陵素无私交，可臣认为，李陵在家恭孝，出门守信，见财不贪，有奇士之风，常思奋不顾身以殉国家之急。此次虽然兵败，但他绝不会投降，就算是降了，恐怕也非真降。他或许是在全军覆没无路可走之时诈降匈奴，委曲求全，以图后报。如果陛下能宽宥于他，实乃大汉之福，仍不失此虎将！"

"胡说八道！"汉武帝气极了，"既然他要殉国家之急，为什么不去死？而要向匈奴投降？"

"臣料想李陵不出半年，定会伺机逃回……"

汉武帝猛击龙案："大胆！你身为朝廷命官，这样替投降敌人的人强辩，不是存心反对朝廷吗？"

"陛下……"司马迁痛心至极。

汉武帝怒不可遏地喝道："来人呀！把司马迁带下去，下狱治罪！"给司马迁定一个什么罪呢？想想司马迁在史书上把自己那些事情说得乱七八糟，汉武帝的气不打一处来，"诬罔主上"（攻击、诬蔑、咒骂皇上）。这是一个非常重的罪啊，诬上罪将会被处以死刑。

如狼似虎的宫廷卫士冲上来，司马迁顿时呆住了。

名人传记 | 司马迁传

## ▶ 蒙冤下狱

就这样，因为一番话，四十八岁的司马迁就被关到了监牢里，而且被判了死刑。在监牢里，那些负责审理案件的官员揣测汉武帝的用心，不断严加审问，把司马迁折磨得喘不过气来。他们认为，司马迁是有意"沮贰师"，也就是说，他为李陵说情，就是攻击汉武帝的宠臣贰师将军李广利。

过了一段时间，判决没有下来。司马迁在狱中听说，汉武帝派了人去安抚了李陵的旧部，他的心里萌生了一丝希望。

原来，汉武帝经过一番考虑，觉得李陵事件确实处理得过于草率。他想到自己在李陵要求派兵的时候，昧着良心说无兵可派，这也是李陵失败的原因。如果自己当初多派些骑兵给李陵，他也不至于败得这么惨。而且想到当初自己说这些话的时候，旁边是有很多大臣的，他们心中都明白"无兵可派"是假，不想派兵是真，虽然当面不敢说什么，但背后他们会不会说自己坏话呢？于是，汉武帝派一些使者，去安慰那些侥幸从匈奴包围中逃脱出来的李陵部下。

可汉武帝对司马迁的态度却是另一回事了。他早就对司马迁不满意了，想起读到他写的几篇记载本朝历史的文章，心中就生气。比如《景帝本纪》那篇，开头就是"孝景皇帝者，孝文之中子也。母窦太后。孝文在位时，前后有三男，及窦太后得幸，前后死，及三子更死，故孝景得立。"这段话，尽管事实如此，可事是死的，人是活的，这段家史你就是不改也完全可以略而隐之嘛！

照你这个说法，要是窦太后不得宠，三个异母兄弟不死去，孝景就当不了皇太子吗？还有《项羽本纪》里写高祖对项羽说的那段话："吾与项羽俱北面受命怀王，曰'约为兄弟'，吾翁即若翁，必欲烹而翁，则幸分我一杯羹。"这样写，把高祖皇帝写成了一个什么形象？简直是丑化！

听密探回报，司马迁还把汉武帝问仙求神的事都做了记录，要写进史书，这真让他如芒刺在背。

司马迁并不知道，这次被送入狱中，自己呕心沥血写的文章是一个重要的原因，他早已经触怒汉武帝了。汉武帝觉得他不自量力，不但在文章里乱写，还在朝堂上乱说，得让他尝尝乱写乱说的后果！

过了几个月，汉武帝想派人救李陵回来，以弥补自己对李陵的愧疚。这样一来，天下人也会认定他是爱惜李陵的，也不会说他故意不派兵了。

汉武帝思考了一番，下令由公孙敖带领一支人马，出发前往北方边境了，想办法救李陵回来。公孙敖在匈奴那个地方转了几个月，始终没有得到李陵的消息，李陵现在到底怎么样了？是死了，还是活着？是投降了，还是干什么去了？不知道。后来听到一个传言，说李陵正在某处帮助匈奴训练军队。公孙敖也没有其他消息来源，于是带着这个消息回去告诉了汉武帝，说李陵在那里帮助匈奴训练军队。

汉武帝听完报告，勃然大怒：

"叛徒！他被俘虏，丢尽大汉的脸不说，现在还帮助匈奴训练军队打我们！来人啊，马上把李陵的家给我抄了！并诛灭九族！"

就这样，李陵父族、母族、妻族全部的亲戚都被抓了起来。汉武帝命人先在他们脸上刺了字。后来，在一片呼天抢地的惨叫声中，李陵的亲人被执刑的人用棍子活活打死了。

汉武帝抄斩了李陵全家后，又想到司马迁还在牢里，马上把法官找来，命令法官立刻判司马迁死刑。皇帝说的话，法官当然照办。

李陵全家惨死的消息，很快就传到了塞外。

再说匈奴这边，由于单于很欣赏李陵的勇猛，所以给了李陵到处走动的自由，没有把他关起来，只派人监视他。李陵听说全家惨死，就找到汉朝派到匈奴的使节，问明原因。李陵这才明白，原来是个天大的误会——为匈奴训练军队的人，是一个名叫李绪的降将。没想到这该死的李绪让自己背了黑锅，害得全家惨死。李陵一气之下就把李绪杀死了。杀死李绪以后，李陵心中熊熊的怒火还是无法平息。

从此，李陵就换上匈奴的衣服，说匈奴的语言，并且娶了单于的女儿为妻，归了匈奴。

汉朝的使者得知李陵被误会的真相后，把这个消息送回了朝廷。汉武帝知道自己错了，心里十分后悔，却也没说什么。

司马迁被关进监牢，负责审理其案的是酷吏杜周。杜周严刑审讯司马迁，司马迁忍受了各种肉体和精神上的残酷折磨。面对酷吏，他始终不屈服，也不认罪。司马迁在狱中反复地问自己："这是我的罪吗？做臣子的难道不就当发表点意见吗？"

他意识到自己已经置身于一个前途未卜的境况里。不过他对自己为李陵说话，或许将激怒武帝是有心理准备的，但武帝对自己的处罚如此严酷，是他始料不及的。监牢里四壁萧萧，饮食糟糕，司马迁不仅饱尝精神上的压力和痛苦，还经受着饥饿的折磨。但他时刻告诉自己，一定要坚持下来，完成父亲的遗愿，把《史记》写完。

司马迁反复考量着汉武帝的喜怒无常，理不出一个清晰的头绪来。面对着眼前黑暗的前途和寂寞的环境，他又牵挂起正在写作中的《太史公书》。这部书才写了不到一半，自己就遭到这样的厄运，哪一天才能走出牢狱，重新写下去呢？要是这部书就这样半途而废，自己真是对不起父亲，也没有尽到自己的职责。

他突然觉得：自己要做的事没完成，无论在什么样的处境里，都不应该把这件头等大事搁下。于是，他在脑子里回忆自己整理过的历史资料，并构思成为一篇篇作品，甚至尝试在脑子里"写"出一篇篇作品来，默记在心中。

历代的各色人物，各种历史事件，浮现在脑海之中，司马迁不再感到在狱中度日如年了，反觉得充实起来。他想到周文王曾被殷纣王囚禁在羑里，而写出《周易》；孔子周游列国，在路上受到陈、蔡两个国君的围困，差点饿死，后来却写就《春秋》；屈原遭受到放逐的厄运，创作《离骚》以明心志；左丘明一生坎坷，留下了历史著作《国语》；孙膑遭受了剜去膝盖的酷刑，完成了《孙膑兵法》；吕不韦担任过秦国宰相，后来被放逐到四川，他和门客写了《吕氏春秋》一书；写过《说难》《孤愤》的韩非子，也曾经历过很多不得意的时候；《诗经》中的三百篇作品，大都是些失意之人的发愤之作。想到历史上这些杰出的人物，他们在艰难的处境里不放弃自己的追求，司马迁受到很大的启发和鼓舞。他希望自己能学习前人先贤的发愤精神，来完成自己的事业。

咀嚼历史，构思文章，司马迁的精神好起来，思维开阔起来。尽管狱卒不时前来骚扰，耀武扬威，但司马迁的精神世界是他们所不能侵扰的。他没命地挥刀，拼命地刻写，手上磨了泡，流了血，结了痂……简册上也是血迹斑斑。

司马迁相信历史是公正的，是无私的。想象那秦始皇当年是何等威风，却被江湖侠客荆轲设计接近，"图穷而匕首见"，追杀在朝堂之上。尽管荆轲的刺杀行动最后没有成功，但在追杀过程中，刺客荆轲是何等英勇，秦始皇是何等狼狈。司马迁决定写一篇《刺客列传》，把荆轲这类普通的下层人写进历史。当然也要把郭解写进去，那位其貌不扬却很有号召力的当今侠客的最后下场，标志着侠客时代已经一去不返。

让侠客这样的下层人物进入堂堂的史书，可是没有先例的。司马迁悟出了写作文章的一个真谛：那些感动过自己的人和事，不正是写作的好素材吗？何况，这些人也是历史的重要组成部分。以往的历史只写帝王将相，那些作者的视野太局限。司马迁觉得自己这部书在形式上自创体例，在内容上也应该开阔视野，写进新的人物和内容。他为自己这一新的感悟和构想激动起来。

狱中的司马迁面壁而坐，有时半天也不动一动，狱卒以为他被关傻了，成木头人了。他们受上面的指使，还是不断地提审司马迁，让他写认罪书。司马迁不按他们的要求写，他们就拳打脚踢，施以酷刑。

司马迁经受种种折磨，心中却冒出了一个新的题材，他也要为历史上的酷吏写上一笔，就叫《酷吏列传》吧。正是这些酷吏，上下其手，狼狈为奸，辱没功臣，陷害忠良，制造了多少骇人听闻的冤案啊！历史的视线也应该投到这黑暗的监牢之中，这里也是一个见证历史发展的重要场所。

## ▶ 忍受腐刑

牢外的树叶变黄了，秋天到了。秋天是处决犯人的季节，司马迁知道自己就要死了。眼看着无法完成父亲的遗命，他痛苦地流下泪来。正当他绝望的时候，宫里来人了，带来了免死的消息。

司马迁以诬罔主上而被定为死罪，但有两种方法可以免死：一是缴纳五十万钱，二是接受宫刑。什么叫宫刑呢？也叫腐刑，就是施刑于男人的下身，使失去作为男人的尊严；而且接受这种刑法的人，畏冷怕风，随时都有生命危险，因此在施刑的牢房当中必须保暖，就好像民间养蚕的屋子一样，所以，受宫刑也叫下蚕室。

听到这一消息，其他死刑犯一时议论纷纷。有钱的大声欢呼，感谢皇恩，高兴得跳起来，没钱的就在一旁跺足叹息。

司马迁却无动于衷，脸上一点表情也没有。因为他家境清贫，再加上下到死牢里面去，人们唯恐逃避不及，谁还去资助他钱呢？就算亲友有钱也没有人敢借给他，所以自己根本无法筹措那五十万。

因此，司马迁要想活命，只能接受宫刑。在当时的社会里，受过宫刑的人是不被歧视的，仍然可以有很高的地位。但司马迁却不这样认为，在他心中，人可分为十等：

第一等人，不辱没祖先。

第二等人，自己不受耻辱。

第三等人，不被人用卑鄙的脸色侮辱。

第四等人，不被人用脏话侮辱。

第五等人，向人下跪叩头求饶。

第六等人，身为囚犯被狱卒侮辱。

第七等人，戴着手铐脚镣遭到严刑拷打的侮辱。

第八等人，被剃去头发，遭受脖上绑着铁锁的侮辱。

第九等人，遭受被斩断四肢的侮辱。

第十等人，也就是最下贱的人，受到腐刑侮辱。

司马迁想到自己没钱，如果接受宫刑，真不如一头撞在墙上去死。是接受死罪，还是接受宫刑？司马迁心中矛盾极了。他并不怕死，因为他知道，死或重于泰山，或轻于鸿毛。可如果自己就这样死了，父亲遗嘱要写作的史书未完成，他有什么脸面去见父亲？可要完成史书的写作，要活下来，只能接受宫刑。带着无尽的耻辱苟活于世，这样的生活值得过吗？

但是司马迁不能够选择死，这是因为他不想让《史记》的写作半途而废。他觉得作为一位史官，没有留下半点文字，如何向后人交代？再说，他想如果选择自杀，或者是被杀，人们并不会把他看作是殉节，而只会认为他智尽无能，或者是罪大恶极，死有余辜。在这种情况下死，那就是轻于鸿毛了。那么唯一的选择就是接受宫刑。在这时候，司马迁又想到了古代的周文王、孔子、屈原、孙膑、吕不韦、韩非子等这样一些圣贤，他们都是在逆境当中坚韧不拔，最后都完成了轰动天下的文化巨著。

经过痛苦的思考和选择，司马迁明白了，自从父亲过世以后，他已经不再是单独的一个人，他的生命是父亲生命的延续，他需为完成史书而活着！

"不！史书没有写完，我不能死，没有资格死！"

于是司马迁为了保住生命以完成撰写《史记》的大业，决定自请宫刑，减死一等。

天汉三年（公元前98年）的一天，惨痛的一刻终于来临，司马迁屈辱地接受了残酷的腐刑。

受腐刑之后的司马迁，已经不能担任太史令的职务了。因为太史令的工作之一是管理宗庙，而身体残缺的人是没有资格担任的。

汉武帝在对司马迁用了酷烈的刑罚后，想到司马迁成了宦官一样的人，适合在内宫活动，又很有才华，因此把他调到自己身边工作，任命他为中书令，也就是皇帝的秘书。

这个时候的司马迁已经五十岁了。在别人的眼里，司马迁因祸得福，升官到了皇帝身边。

可是司马迁对做官已是心灰意冷。他已经变成了另一个人，他只为一个心愿而活着！他把自己关进屋子里，不想见朋友，也不想与任何人交往。他没有眼泪，也没有悲哀。他办完公务，就全力以赴检索史料，写作史书。

他在现实生活中，失掉了做人的尊严，可是在写作的天地中，他变成了"无冕之王"。他有权对古往今来的帝王将相、贵妃才人、忠奸善恶之人，进行褒贬、鞭挞。奔放的情感，不受任何约束。

写到心酸处，他抽泣不止，热泪打湿了竹简；写到愤怒时，他举拳砸案；写到快意时，他发出一阵阵笑声……

## ▶ 任安获罪

戾太子为卫皇后也就是卫青的姐姐所生，一直很受汉武帝器重，汉武帝也常让他参与重大政策的决定。戾太子性格宽厚仁慈，跟汉武帝的为人不太一样。

太始三年（公元前94年），汉武帝的宠妃——钩弋夫人怀孕十四个月后，生下个男孩，取名为弗陵。汉武帝听说尧也是怀胎十四个月才生下的，就把弗陵诞生的寝宫命名为"尧母门"，也就是把弗陵比喻为尧帝，对弗陵加倍地疼爱。

那些善于察言观色的文武大臣，猜测汉武帝要把帝位传给弗陵，不传给戾太子了。这种猜测一传出来，不少文武百官为讨好奉迎汉武帝，不惜想尽办法诽谤戾太子。

有一个叫江充的人，是汉武帝派来暗中监视皇亲国戚及朝廷大臣的间谍。江充因为和戾太子不和，眼看汉武帝就要步入晚年，怕将来戾太子继承帝位对自己不利，所以用尽心机要害死太子。

汉武帝喜欢求神问仙，很多道士、女巫就都跑到长安，宣称自己有做法事、驱鬼神的奇异本领，他们用假话迷惑愚弄百姓。汉武帝的后宫里，那些女巫和道士也很有用武之地：失宠的妃子叫女巫来作法，想让自己再得宠；得宠的也找女巫来作法，好让自己永远赢得汉武帝的欢心。

后妃间的斗争越激烈，被引进后宫的女巫就越多。有人到汉武帝面前告密说："某某妃子要用邪法诅咒皇上。"汉武帝大怒，杀了好几百个涉嫌的人。汉武帝从此疑神疑鬼，梦见成千上万个木头人来打他、杀他。汉武帝的精神逐渐变得恍惚健忘，于是就到陕西的甘泉宫养病。

江充趁此机会，向汉武帝说他的病全是女巫施用蛊术所害。汉武帝于是命令江充去捕杀施蛊术的人。江充带人先到老百姓住的地方去，只要在谁家挖到木头人，就说谁是放蛊的人，被杀死的人多达好几万。

征和二年（公元前91年），江充对太子下手了。他预先在戾太子的宫中埋下大批的木偶，然后带人去挖，并立刻派人报告给汉武帝。

戾太子发现情况不对，想向在甘泉宫养病的汉武帝当面报告实情，却被江充逼得无法和汉武帝取得联系。最后戾太子只好听他老师石德的建议，假借圣旨说江充谋反，应该处死。

太子带兵要去捕杀江充的时候，汉武帝听信了江充的话，以为太子要造反，立即传令丞相派兵去捉拿太子。双方在长安城中厮杀了五天五夜，死了好几万人，街道上血流成河，惨不忍睹。结果戾太子兵败，和卫皇后一起自杀身亡。

司马迁的朋友任安当时担任护北军使者（朝廷的外援部队长官），掌握了一部分兵权。戾太子派使者命他发兵助战，任安老于世故，知道这件事非同寻常，没有汉武帝的命令，不敢出兵。他紧闭城门，没有派兵接应太子。

事件平息之后，汉武帝犒赏了捕杀太子的人，严惩了跟随太子的人。至于任安的做法，汉武帝不赏也不罚。

可是过了不久，有人暗中把实际情形向汉武帝做了报告，说戾太子其实没有造反的意思。汉武帝这才明白，戾太子是冤枉的！

汉武帝于是重新下令，把那些捕杀太子的人都杀了。在这种情况下，任安按兵不动，不去救援太子，只是在观望，看哪边赢了就投靠哪边，真是罪大恶极，于是汉武帝下令把任安关进牢里，定了"腰斩"的死罪。

## ▶ 报任安书

对于汉武帝的这个处决，任安心中是不平衡的，他感到自己很冤枉。在那种混乱的情形下，太子匆忙起兵，他得不到汉武帝的旨意，实在无法采取任何行动。所以就算自己没有功劳，也不应该被判罪。

他想申诉自己的冤屈，却没人愿意替他出面。眼看就要被处死，任安不甘心，就给经常跟在汉武帝身边的中书令司马迁写了一封信，请他看在多年朋友的情分上，设法向汉武帝说情，赦免他的罪。

司马迁接到任安的信后，知道任安是要自己出面救他，心中很是为难。因为，今天的司马迁已非常日。他已经因李陵的事情死过一回了，还要卷入这种风暴中，再冒一次生命危险吗？但任安是他的好朋友，与他情同手足，他能见死不救吗？但进言冒犯汉武帝能有什么好结果呢？他太了解汉武帝的喜怒无常，他实在不能再让李陵之祸在自己身上重演。他下定决心不再为某一个人的命运、某一个家族的天下消耗自己的生命了。他的伟大事业《太史公书》正处在关键的收尾阶段。他是完全为《太史公书》而活着的！

司马迁心中十分痛苦，他明白汉武帝已经神志不清，一心要为太子"报仇",绝不可能赦任安无罪。他只有写信向老朋友说明自己见死不救的原因。

司马迁给任安写的信,就是后来著名的《报任安书》。在这封信里面,他详细地申诉了自己对李陵事件的看法,以及接受宫刑前后的心态。他为什么接受这个刑罚,接受这个刑罚之后,他又是一种什么心态。并且,在这封信里面,他郑重地宣布《史记》一百三十篇完成了。

这封信大致是这样的:

我恭敬地跪拜两次并回复您的书信。

少卿足下:

前时,蒙您屈尊给我写信,教导我待人接物要谨慎,应把推荐贤士当作自己的责任。情意那样诚恳,好像抱怨我没有遵从您的教诲,而是追随了世俗之人的意见。我是不敢这样做的。我虽然才能庸劣,也曾从旁听说过有德之人留传下来的风尚。只是自己以为身体残缺处于污秽耻辱的境地,行动就要受指责,想做有益之事反而招来损害,因此只能独自愁闷,没有谁可以去诉说。谚语说:"为谁去做事?谁来听从你!"钟子期死后,俞伯牙终生不再弹琴,为什么呢?士人要为他的知己效力,女子要为喜爱她的人梳妆美容。像我这样的人,即使自己怀有的才能像随侯珠及卞和玉那样宝贵,品行像许由(尧舜时代的贤人,以自己淡泊名利的崇高节操赢得了后世的尊敬,从而被奉为隐士的鼻祖)和伯夷(炎帝神农氏之裔共工的侄孙,曾担任帝颛顼的大祭司,后为第一代太岳)那样高尚,终究不能再以此为荣,恰恰只能被人耻笑而自取污辱罢了。您的信本应早日回复,正赶上随从皇上东巡归来,又忙于一些琐事,与您见面的机会较少,匆匆忙忙没有半点空闲能够尽情陈述自己的心意。如今您遭到无法预料之罪,再过一个月,逼近冬末,我又迫于跟随皇上到雍地去,恐怕突然之间就会发生不可避免的事,那样我最终也就不可能向您抒发我的愤懑（mèn）之情了，那么您的魂魄也会抱恨无穷的。请允许我把浅陋的意见略加陈述。时隔很久没有回信，望您不要责怪。

　　我听说，修身是智慧的集中体现；爱人和助人是仁的发端；要得到什么和付出什么是义的标志；有耻辱之心是勇敢的先决条件；树立名誉是行为的最终目标。士人有了这五个方面，然后才可以立身于世并进入君子的行列。所以祸没有比贪欲私利更惨的，悲没有比刺伤心灵更痛苦的，行为没有比污辱祖先更丑的，耻辱没有比宫刑更大的。受刑之后得到余生的人，无法和别人相比，并非一代如此，由来已久了。从前卫灵公和宦官雍渠同乘一辆车，孔子见到后就到陈国去了；商鞅依靠宦官景监的引见得到重用，赵良感到寒心；赵谈陪文帝乘车，袁丝脸色都变了。自古以来就以宦官为耻辱。那些才能平庸的人，事情只要涉及宦官，就没有不感到丧气的，何况是那些志气昂扬的人呢？如今朝廷虽然缺乏人才，可怎么能让一个受了宫刑的人来举荐天下的豪杰呢！我仰仗先人留下的事业，才能在皇帝左右为官达二十多年。所以常自思自想，往高处说，不能尽心报效诚信，也没有因出奇的谋略和特殊的能力受到赞誉，取得贤君的信任；其次，又不能为皇帝拾取遗漏弥补缺陷，也不能招纳举荐贤能之人，并让山野中的隐士显露才能；对外又不能参加军队，攻城野战，有斩杀敌将夺取敌人军旗的功劳；往低处说，不能以日积月累的辛劳，取得高官厚禄，使亲族朋友都感到荣耀。这四者没有一件如愿以偿，只好勉强求得皇上的喜欢，不会有特别表现，我的情况从这里也就可以看出来了。从前我也曾置身下大夫的行列，在外朝陪着别人发表些微不足道的意见，没有借这个时机根据朝廷法度竭尽自己的才思。如今已经身体残缺成了从事扫除的差役，处在卑贱的地位，还想要昂首扬眉，评论是非，那不是轻慢朝廷羞辱当今的士人吗！唉！唉！像我这样的人还有什么可说的呢！

　　况且事情的前因后果是不容易说清的。我年少时以不受约束的高才自负，长大后没有得到乡里的赞誉，幸而皇上由于我父亲的缘故，使我能够贡献浅薄的才能，出入于宫禁之中。我以为戴着盆还怎么能去望天呢，所以断绝了与朋友的交往，忘记了家庭的事情，日夜都想竭尽自己并不很高的能力，专心致志尽力于职守，以便能够讨好皇上，然而事情竟会大错特错，而不是所想象的那样。我和李陵都在宫廷内做官，平时并没有什么交情，彼此志趣不同，不曾在一起喝过一杯酒，在一起尽情交欢。然而我观察他的为人，是能自守节操的奇士，侍奉双亲讲孝道，和士人交往重诚信，在钱财面前廉洁，收取和给予都以义为准则，对有差别的事肯于退让，对人谦恭，甘居人后，时常想奋不顾身为国家的急难而牺牲自己。从他平素的言行表现来看，我认为他有国士的风度。作为臣子虽经历万般危险也不为自己的生命考虑，只想到解救公家之危难，这已是很出奇了。如今所做的事稍有不当，那些只顾保全自己和妻儿的大臣，接着就把他的失误尽情夸大，我确实内心里感到痛苦。

况且李陵率领步兵不满五千，深入战场踏上匈奴的住地，在虎口中投下诱饵，对强悍的匈奴勇敢地挑战，迎着亿万敌军与单于连续作战十多天，所杀的敌人远远超过了自己军队的人数。敌人顾不上救援死伤士兵，匈奴的君王都震惊恐怖，于是才把左右贤王的兵马全都调来，发动会拉弓射箭的人，共同围攻李陵。李陵转战千里，箭用光了，路走绝了，救兵不到，士兵死伤的堆积如山，然而李陵一喊慰劳军队，士兵没有不奋起的，个个涕泪横流，满脸是血，吞下眼泪，再拉开空弓，冒着刀箭，向北争着和敌人拼死。李陵还没有覆没的时候，曾有使者来报告战况，汉朝的公卿王侯都举杯向皇上祝贺。过了几天，李陵兵败的奏章呈上后，皇上为此吃饭不香，上朝不乐，大臣忧虑恐惧，不知道该怎么办。我私下没有考虑自己的卑贱，看到皇上的悲戚哀伤，真心想献上自己的恳切忠诚，认为李陵平时与军官们在一起同甘共苦，甘美的食物自己不吃，分东西自己少要，为了能使人们齐心作战。虽是古代名将，也不能超过他。李陵虽然兵败陷身匈奴，可看他的心意，怕是要等到合适的时机报效汉朝。事情已经无可奈何，他尽将士们所能消灭了那么多敌军，这战功也足能显示给天下了。我心中想陈述这个看法但没有机会，恰好皇上召见问话，我就按这个意思阐述了出来，想用这番话宽慰皇上，堵塞怨恨李陵的人所说的坏话。皇上不理解，认为我是有意中伤贰师将军李广利，并为李陵游说，于是就把我交付廷尉，诚恳的忠心终于不能自己一一陈述。因此被定为欺君之罪，被判了刑。我家中贫穷，财物不够用来赎罪，朋友没人相救，皇上左右的近臣也没有谁向皇帝说句话。自身并非木石，却要与法吏在一起，被囚禁在监牢之中，谁是可以听我诉说的人呢！这正是少卿亲眼所见，我的所作所为，难道不是这样吗？李陵既已投降匈奴，败坏了他家的名声，而我又受刑住进蚕室，遭到天下人嘲笑，悲痛啊！事情是不容易一一地讲给俗人听的。

　　我的先辈并没有立下什么功劳，可以得到皇上赐给的剖符和丹书铁券，掌管史籍和天文历法，类似于占卜祭祀之官，本来就是给世俗之人看不起的职业。如果我依法被处死，也就像九牛失去一根毛，同死个蝼蛄或蚂蚁有什么两样？世人也不会把我和那些死于气节的人相提并论，只不过认为我智虑穷尽，罪恶已极，不能自己赎免，终于走上死路罢了。为什么呢？就是平日自己的工作和职业造成的。人本来都有一死，有人死得比泰山还重，有人死得比鸿毛还轻，为什么而死是不一样的。最重要的是不能使祖先受辱，其次是不使自身受辱，不使脸面受辱，不让别人用文辞和教令来羞辱，身体被捆绑受辱，换上囚服受辱，披枷带锁被刑杖拷打受辱，剃光头发、颈戴铁圈受辱，毁伤肌肤、砍断肢体受辱，最下等的是宫刑，受辱到极点了。古书上说："刑罚不用在大夫身上。"这就是说士大夫在气节方面不能不进行磨砺。猛虎在深山里，百兽都震惊恐惧，等它到了陷阱或兽笼里，就得摇着尾巴乞求食物，这是由于长期用威力制约，逐渐取得的结果。因此，即使有个在地上画出的监牢，士人也绝对不能进去；有个用木头削成的狱吏审判你，也不能去质对。受刑之前就决计自杀，这才是鲜明的态度。如今捆绑手脚，戴上枷锁，暴露肌肤，受到鞭打，囚禁在监狱之中。在这时候，看到狱吏就要叩头触地，看到狱吏就吓得不敢出气。为什么呢？这是长期用威力制约造成的情势。等已经到了这种地步，还说不受辱的人，不过是所谓的厚脸皮罢了，还有什么值得尊重的呢！况且西伯（周文王）是诸侯之长，曾被拘禁在羑里；李斯是丞相，也受遍了五种刑罚；韩信已是诸侯王，却在陈地被戴上刑具；彭越、张敖已南面称王，结果都下狱定罪；绛侯周勃诛杀了吕氏家族，权力超过了春秋时的五霸，后来也被囚禁在待罪之室；魏其（jī）侯是大将军，最后也穿上了囚衣，戴上了刑具；季布做了朱家的家奴；灌夫被关押在居室受辱。这些人都已身居王侯将相，名声传到了邻国，等犯了罪受到法令制裁，不能下决心自杀，在监狱里，古今都一样，他怎能不受辱呢！从这些情况来说，勇敢和怯懦，是权力地位不同造成的；坚强和软弱，是由所处的形势决定的。这是很清楚的，有什么值得奇怪的呢？况且一个人如果不能在受刑之前早点自杀，就已经逐渐衰颓了；到了鞭打受刑的时候，才想到以自杀殉节，那不是太晚了吗？古人所以要慎重对待对士大夫的用刑，大概就是这个原因吧！

　　人之常情没有不贪恋生存、厌恶死亡的，没有不顾念父母妻儿的。至于那些为义理所激励的人并不如此，那是由不得已的形势造成的。如今我不幸，早年丧失父母，没有兄弟相亲，孤独一人在世，少卿您看我对妻儿们该如何呢？况且勇敢的人不必以死殉节，怯懦的人只要仰慕节义，什么情况下不能勉励自己呢！我虽然怯懦，想苟且偷生，但也还懂得偷生与赴死的界限，何至于自甘陷身牢狱之中去受辱呢！奴隶婢妾还能去自杀，何况我这种处于不得已境地的人呢！我之所以要克制忍耐、苟且偷生，囚禁在污秽的监狱之中也在所不辞，是以心中还有未了之事为恨，以身死之后文章不能留传后世为耻呀！

　　古时候虽富贵而名声却泯灭不传的人，是无法都记载下来的，只有卓越不凡的特殊人物能够名扬后世。周文王被拘禁后推演出《周易》的六十四卦；孔子受困回来后开始作《春秋》；屈原被放逐后，才创作了《离骚》；左丘明失明后，才有《国语》的写作；孙膑被砍断双脚，编撰出《孙膑兵法》；吕不韦贬官迁徙到蜀地，世上传出了《吕氏春秋》；韩非被秦国囚禁，写出了《说（shuì）难》《孤愤》等文章；《诗经》的三百篇诗，大都是圣贤为抒发忧愤而创作出来的。这些人都是心中忧郁苦闷，不能实现他们的理想，所以才记述以往的史事，想让后来的人看到并了解自己的心意。至于左丘明失去双目，孙膑被砍断双脚，终于不可能被任用，便退而著书立说，以此来舒散他们的愤慨，想让文章流传后世以表现自己的志向。我私下里不自量力，近年来，投身在无用的文辞之中，收集天下散失的史籍与传闻，考证前代人物的事迹，考察他们成败兴衰的道理，上自黄帝轩辕，下至当今，写成了十表、八书、十二本纪、三十世家、七十列传，共计一百三十篇。也是想借此探究天道与人事的关系，贯通从古到今的历史发展变化，完成有独特见解、自成体系的著作。草稿尚未完成，正好遭到这场灾祸，我痛惜此书没有完成，因此受到最残酷的刑罚也没有露出怨怒之色。我确实是想著成此书，以传给志同道合的人，让它在通都大邑之间流传。那么，我就可以偿还从前受辱所欠的债了，即使受到再多的侮辱，难道会后悔吗！然而我这番苦心只能对智者讲，很难对俗人说呀！

　　况且在背着恶名的情况下不容易处世，处在被鄙视的地位会招来更多的诽谤。我由于发表议论遭受了这场灾祸，深为家乡的人耻笑，污辱了祖先，又有什么脸面再去谒拜父母的坟墓呢！即使再经历一百代，耻辱只会越来越深啊！因此，每天都愁肠百转，在家里就恍恍惚惚若有所失，外出就不知道要到哪里去。每当想到这种耻辱，没有不汗流浃背沾湿衣裳的。自己简直就是个宦官，还怎能自行隐退，藏身到深山岩穴之中呢？所以只得暂且随世俗浮沉，在时势中周旋，以此来抒发内心的狂乱迷惑。如今少卿却教诲我要推荐贤士，岂不是和我内心的苦衷相违背吗？现在我即使想粉饰自己，用美妙的言辞宽慰自己，对俗人毫无用处，也不会被信任，只是自讨羞辱罢了。总之，到了死的那天，然后是非才能论定。信中不能把意思写尽，只能简略陈述浅陋之见。特此再拜。

　　这封信被送出去之后不久，任安就在司马迁的感叹之中被处以了腰斩。

　　司马迁的心情已经不像以前那样容易激动，也不再轻易地落泪。除了写好《太史公书》，他没有能力再去为别人做什么了。个人的生命是短暂的，但《史记》却是永恒的。

　　不久后，《太史公书》终于全部写完了。各地的奔波、史料的搜集、古籍的整理，多少艰辛、多少屈辱、多少汗水、多少曲折，都伴着屈辱的泪水化成了长篇巨著——《史记》！

### 名人名言·磨难

1. 种子不落在肥土而落在瓦砾中，有生命力的种子决不会悲观和叹气，因为有了阻力才有磨炼。

   ——夏衍

2. 有困难是坏事也是好事，困难会逼着人想办法，困难环境能锻炼出人才来。

   ——徐特立

3. 我以为挫折、磨难是锻炼意志、增强能力的好机会。

   ——邹韬奋

4. 即使跌倒一百次，也要一百零一次地站起来。

   ——张海迪

5. 被克服的困难就是胜利的契机。

   ——[英]丘吉尔

6. 上天完全是为了坚强我们的意志，才在我们的道路上设下重重的障碍。

   ——[印度]泰戈尔

7. 任凭怎样脆弱的人，只要把全部的精力倾注在唯一的目的上，必能使之有所成就。

   ——[古罗马]西塞罗

8. 通向人类真正伟大境界的道路只有一条——苦难的道路。

   ——[美]爱因斯坦

9. 一切幸福都并非没有烦恼，而一切逆境也绝非没有希望。

   ——[英]培根

# 第七章

## Sima Qian

## 尾 声

人固有一死，或重于泰山，或轻于鸿毛，用之所趋异也。

——〔西汉〕司马迁

## ▶ 巨星陨落

后元二年（公元前87年），也就是司马迁完成《史记》之后的第四年。那个发动了一生战争的汉武帝驾崩了，被葬在了茂陵。

就在宫廷上上下下忙碌着皇帝后事和新帝登基的时候，司马迁一个人悄悄地离开了，没有人知道他去了哪里。那司马迁去了哪里呢？史学家认为有四种可能。

第一种可能，司马迁自杀身亡了。前面曾经说过，司马迁受过宫刑之后，很多人认为他应该自杀，但司马迁说，他不是贪生怕死之人，活着就是为了完成巨著《史记》。现在，《史记》完成了，生命对于司马迁而言，已经无足轻重了，现在也是洗刷人们对他所谓贪生怕死的误解的时候了。而且，司马迁可能自杀这一点在《报任安书》里面已经透露出不少信息。任安写信给司马迁，是在下狱之前，司马迁一直没有时间给他回信。后来任安在狱中，汉武帝下令要处斩任安的时候，司马迁匆忙写了一封长信给他，写那么长。为什么写这么长？任安因为受了一个案子的牵连，正被羁押在牢中，而且随时可能被行刑处斩，司马迁为什么要对一个快要死的人写下如此长篇而又悲愤激昂的书信呢？他又为什么要在信中反复诉说自己忍受不了腐刑之后的这种耻辱呢？他又为什么要选择这样一个时机和对象来宣告《史记》一百三十篇完成了呢？他为什么在信中大谈"人固有一死，或重于泰山，或轻于鸿毛"？而且他在信里面说，"要死之日，然后是非乃定"。他说："一个人生前你不要说我是和非，人生的是非留在身后，一个人等死后的若干年，人们才能给他论定是非。"那意思就是说，我司马迁究竟是个什么人，留待后人评价，现在你们怎么攻击我，怎么瞧不起我都可以，死后你们来看我是个什么人。我这封信把我的心情、我的想法、事实经过，都讲清楚了。所以，《报任安书》也许就是一封遗书。

第二种可能，司马迁受任安这个案子的牵连，被汉武帝下令腰斩于市。当时宫廷里面有一场斗争，任安被牵涉进去了，而当司马迁辗转托人把他的《报任安书》送到狱中时，任安已经被腰斩了。任安腰斩以后，狱吏在抄检狱室的时候发现了司马迁的信，于是便呈奏给汉武帝，信里面非常愤慨地表达了对汉武帝的不满。那么汉武帝读罢，肯定勃然大怒，再加上有人趁机诬告司马迁和任安是同党，因为他们俩是好朋友，于是汉武帝便下令把司马迁打入天牢，随后腰斩于市。这样看来，似乎是《报任安书》惹的祸。其实司马迁何以不知道《报任安书》会带来什么后果呢？司马迁并非不知道任安作为死囚犯，可能终生读不到这封信了，司马迁也并非不知道这封信可能会成为一封公开信，因为自己在信中所发泄的不满会招致灾祸，这点司马迁是非常清楚的。但是他不能不说，灾祸对于他而言已经是无足轻重了。选择给朋友写信，而且向世人公布《史记》的完成，这本身就是一种抗争，也是对朋友甚至对朋友死后灵魂的一种极大安慰。

第三种可能，是司马迁再次下狱之后，随同长安狱中的罪犯，无辜地被集体处死的。这是怎么回事呢？当《报任安书》被汉武帝知道之后，汉武帝看到信中有很多怨言，于是下诏把司马迁逮捕了，并且叫御史台论罪，就是说并没有判死罪。可就在论他的罪期间，汉武帝病重了，有巫师算风水告诉汉武帝，说长安监牢当中有天子气冲撞了圣上，究竟是谁呢？不知道。于是汉武帝下令把狱中所有的囚犯，无论轻重一律处死。历史上记载，汉武帝曾有一次把长安城的犯人全部杀了，所以司马迁就这样无辜地被杀了，一代史家就这样死于非命。

第四种可能，是司马迁寿终正寝。其实关于司马迁被杀这一说法，史料还不能够充分地予以证实，说司马迁是自杀，也不过是一种推测。在史料不足的情况下，我们还只能够把他看成是正常病故。

司马迁去了，在《史记》完成之后，他悄然无声地离开了人世。他以生命的终结换来了《史记》的诞生，他的死留下一个历史之谜，他的著作却竖立起一块历史的丰碑。他那刻苦奋发、不屈不挠的伟大人格和崇高精神，连同花费了他一生心血的伟大著作——《史记》，永远地留在了人间，成为中华民族宝贵的精神财富。

## ▶ 永垂史册

作为一个伟大的历史学家，他在两千多年前完成的《史记》，是一部博大精深、体系完整、规模宏大、气魄磅礴、识见超群的历史巨著，奠定了中国"正史"的基础。郭沫若先生认为他是继孔子之后的另一位文化巨匠。《史记》是有史以来，世界上第一部大百科全书。

司马迁对世界、对人类做出了巨大的贡献，历史学家认为，司马迁对人类有八大贡献：

### 一、"成一家之言"的世界历史之父

司马迁是中国杰出的历史学家，同时也是世界史学史中不可多得的历史学家。他主张"究天人之际，通古今之变，成一家之言"。其中第一个字就是"究"。他是把历史作为研究对象，将史

学作为一种创造性的科学实践活动。他为撰写《史记》曾广泛收集原始材料，并注重实地考察，详细勘辨真伪。所征收的古代典籍，仅标明书目的就达 80 余种，还参阅了大量的宫廷档案。如关于黄帝，历代有种种子虚乌有的传闻和神话。但司马迁则以翔实广博的野外考察材料为依据，力破旧说，大胆提出了黄帝是人，作出"黄帝崩，葬桥山"的新论断。

司马迁笔下的历史，是集经济、军事、文化、艺术、生产、生活、宗教、自然为一体的以人物活动为中心的历史。他另一可贵之处是发现世界各民族交流是一个客观事实，奉献是共同的，影响是相互的，所以，他又写了许多与汉帝国有关的其他地区与民族的历史。正如翦伯赞先生所言："即以世界规模研究中国历史。"史学是一门科学，科学需要批判精神、实践精神和理性精神，而司马迁恰恰在三个方面都有出色的表现。1957 年，司马迁被联合国命名为"世界历史之父"。

二、超前思维的经济思想

早在两千多年前，司马迁就提出"市场机制"的论述。他在《货殖列传》《平准书》《河渠书》中认为：中国要想富强，必须和国外通商。用太史公时代的语言概括，叫作"无为而治"，用我们当代的经济学理论来类比，就是主张发展市场经济。司马迁强调国家不要过多地干预经济，让经济规律自行调节经济。这种经济自由主义的宏观管理思想，在当时绝无实现的土壤。

三、肯定中华各民族都是黄帝的子孙

司马迁的民族思想，充分体现在《史记》中。他为少数民族写下了《匈奴列传》《朝鲜列传》《南越列传》《西南夷列传》等六部少数民族传记。他的民族一统思想的具体内容是：中华民族是一个统一的整体，中国境内各民族应该平等相待，共存共荣，反对民族之间的歧视和非正义战争。

司马迁肯定王者一统天下对中华各民族的发展有决定性意义。

他在传记中对少数民族（史书称蛮夷）一视同仁，皆当作黄帝子孙，这就为中华大家庭奠定了文化基调。甚至对于中国版图有多大（今天中国的版图基本上奠定于汉武帝时代），黄帝生、卒、葬在什么地方，他都有详细考证。至今"黄帝陵"前的碑文，仍是转载他的《史记》原文。

**四、为至圣孔子等教育家树碑立传**

司马迁在《史记》中，创立了《孔子世家》《仲尼弟子列传》《孟子荀卿列传》，记载了孔子及其弟子，以及孟子、荀子等教育家的教育业绩，第一次为中国教育家立传，从而也确立了孔子万世师表的历史地位。

汉武帝时期，虽推行"罢黜百家，独尊儒术"的政策，也不过奉以虚名，并不实行儒学以治世。而真正对孔子的道德、学问和业绩进行高度评价，对儒学教育进行认真总结的，则首推司马迁。

**五、总结古代天文历法的光辉成就**

《史记》中《天官书》《历书》，是论述天文学的专篇。司马迁之父司马谈为太史令时，就曾师从著名天文学家唐都。司马迁为太史令，又求教于唐都，并与之共同制定《太初历》，改革历法，掌握了渊博的天文学知识。司马迁曾亲自参与封禅、改历，掌管司天官，有深厚的观测实践，所以能在专篇中总结和反映古代天文学和历法的发展及其光辉成就。

**六、当之无愧的地理学家**

地理是古代一门关乎国家大政的重要学问。《史记》虽未设"地理书"，然而《河渠书》《夏本纪》，可以视作地理专篇。此外，还有许多篇章论载地理。例如《史记·夏本纪》有三分之二的篇幅论载地理。记载了冀州、兖州、青州、徐州、扬州、荆州、豫州、梁州、雍州等诸多州的地理、土地、赋役、物产等情况，写了山川河流的形势，并记叙了王侯所在城市外围、郊区、国家边远地区之间的关系等。

西北、东北、西南、东南等边疆地理，于各少数民族域外列传中也有详细记载。这些记载研究，至今仍是中外学者研究我国边疆地理必不可少的宝贵资料。

**七、提出军事地理学与兵法经商思想**

持续四年之久的"楚汉战争"，以项羽身败名裂，刘邦一统天下而告终。司马迁认为张良、萧何、韩信三人"皆人杰也，吾能用之，此吾所以取天下也。项羽有一范增而不能用，此其所以为我擒也"。首先，将用人的得失视为成败的关键；其次，认为军事地理、山川形势也是至关重要的因素。刘邦对关中等地区的地理相当熟悉，并能在战争中加以利用。而项羽在楚汉战争期间却对军事地理相当忽视。当诸侯兵入关中之初，有人曾向项羽上言："关中阻山河四塞，地肥饶，可都以霸。"项羽胸无远略，非但不听这一建议，反而杀了进言者。于是分王诸侯于善地，自己则东都于彭城。"山河之固"乃"国之宝也"。项羽不重视地理之利，也就丧失了守国之基础。

司马迁另一军事思想是用兵法经商。《史记》中的白圭、范蠡都是兵家。范蠡从一个"上将军"转而成为"致资累巨万"的富翁；白圭把伊尹、吕尚之谋，孙吴用兵之法，用于贸易，更是发财有道。从军事战争与商业经营二者性质看，都属于博弈活动（或叫对策活动）范畴，是以"利"为本，"合于利而动，不合于利而止"。以范蠡、白圭为代表的巨商在商业、经营活动中如何运用"知己知彼""出奇制胜""避实制虚"等战略战术，《货殖列传》中描绘得清清楚楚。对于如何选地、任时、知物、择人，均有生动记述。美国等西方国家的军事院校，都把《史记》作为他们的必修课程，这充分说明司马迁的军事思想何等伟大！

**八、与屈原比肩的杰出文学家**

作为文学家的司马迁，开创了散文叙事的传记文学，成为历代文学大家和广大读者学习、借鉴的典范。《史记》遗泽后世，对后世传记文学、散文、小说、戏曲都产生了深远的影响。司马迁的散文成就，不仅代表了汉代文学的高峰，而且在散文发展史上，也起了承先启后的作用。在文学发展史上，文学家司马迁的地位，应和大诗人屈原比肩并列。屈原和司马迁两人，不仅身世遭遇有共同之处，而且作品都努力反映现实生活，直面惨淡人生，鞭答腐朽和黑暗，同情被压迫人民，具有强烈的人民性。所以鲁迅称《史记》为"无韵之离骚"，是极为中肯的。

### 名人名言·嫉妒

1. 嫉妒生于利欲，而不生于贤美。

    ——〔明〕黄道周

2. 巧言、吝啬、足恭，春秋末期左丘明耻之，丘亦耻之。

    ——〔春秋〕孔子

3. 非我而当者，吾师也；是我而当者，吾友也；谄谀我者，吾贼也。

    ——〔战国〕荀况

4. 面誉者，背必非。

    ——〔宋〕林逋

5. 不知人之笑己；轻而且笑，辱莫甚焉。

    ——〔清〕李惺

6. 事修而谤兴，德高而毁来。

    ——〔唐〕韩愈

7. 嫉妒是心灵上的肿瘤。

    ——艾青

8. 嫉妒心是荣誉的害虫，要想消灭嫉妒心，最好的方法是表明自己的目的是在求事功而不求名声。

    ——〔英〕培根

9. 嫉妒是一种可耻的感情，人是应当信赖的。

    ——〔俄〕列夫·托尔斯泰

# 名人年谱

## 司马迁

汉景帝中元五年（公元前145年），司马迁出生于龙门。

汉武帝建元元年（公元前140年），在故乡读书。父亲司马谈任太史令。

建元五年（公元前136年），在故乡过着半耕半读的生活，能诵古文。

元光元年（公元前134年），董仲舒上"天人三策"。汉武帝"罢黜百家，独尊儒术"。司马迁在茂陵显武里耕读。

元朔二年（公元前127年），从茂陵显武里迁居长安。汉武帝听从主父偃建议迁民于茂陵。司马迁随家迁于京城。

元朔三年（公元前126年），司马迁漫游江淮，到会稽，渡沅江、湘江，向北过汶水、泗水，于鲁地观礼，向南过薛（今山东滕县东南）、彭城，寻访楚汉相争遗迹传闻，经过大梁，而归长安，历时数年，为协助父亲著作史书做准备。

元朔五年（公元前124年），公孙弘为丞相，请为博士置弟子员五十人。司马迁得补博士弟子员。

元朔六年（公元前123年），司马迁以考试成绩优异为郎中，即皇帝的侍卫官。

元狩五年（公元前119年），司马迁以郎中身份侍从，汉武帝游鼎湖，至甘泉（今陕西淳化县境内）。

元鼎四年（公元前113年），司马迁随汉武帝祭祀五帝到雍

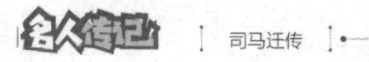

（今陕西凤翔县），到河东（今山西夏县东北）。

元鼎五年（公元前112年），冬十月，司马迁以侍中身份侍从汉武帝巡行至西北的扶风、平凉、空峒。

元鼎六年（公元前111年），汉武帝与公卿、诸生议泰山禅。司马迁受命为郎中将以皇帝特使身份奉使西征巴蜀以南，到达邛（今四川西昌一带）、笮（今四川汉源一带）、昆明（今云南曲靖一带），安抚西南少数民族，设置五郡。

元封三年（公元前108年），司马迁接替父职，做了太史令。

太初元年（公元前104年），与天文学家唐都等人共订《太初历》。同年，开始动手写作《史记》。

天汉二年（公元前99年），李陵出击匈奴，兵败投降，汉武帝大怒。司马迁为李陵辩护，触怒了汉武帝，被捕下狱。他无力出钱赎罪，就受了腐刑。

太始元年（公元前96年），获赦出狱，做了中书令，掌管皇帝的文书机要。他发愤著书，全力写作《史记》，大约在五十五岁那年完成了全书的撰写和修改工作。